成功するビジネスパーソンは、なぜ忙しくても神社に行くのか？

八木龍平
社会心理学者

PHP研究所

はじめに――外国人も気づくビジネスに神社が役立つ理由

「日本でお稲荷《いなり》さんを信仰しないことには商売ができない」

昭和60年頃、日本にいるアメリカ人やフランス人など外国の営業パーソンが稲荷神社によく参拝して、こんなことを言っていました（『企業の神社』神社新報社編／神社新報社）。

「関係ないでしょ？　私は別に神社とか行かないけど」

「欧米の人はキリスト教なのに、他の宗教を信仰するとか抵抗ないのかな？」

など不思議に思う方もいるでしょう。

そもそも現代の日本人は無宗教とされます。なぜなら、日本人の7割以上が信仰や信心を持っていないと回答し続けているからです（統計数理研究所「日本人の国民性調査」）。他の調査でも、6割以上は無宗教だと自認しているようです。

ところが初詣《はつもうで》にはのべ1億人近い人が参拝しており、6割以上の日本人は神社やお寺に参拝していると考えられます。

日本人は本人達が言っている通り、本当に無宗教なのでしょうか?

さらに、神社を信仰しないと商売できないと外国人が思うほど、神社はビジネスに関係しているのでしょうか?

キリスト教を信仰する合理的な欧米人が、「商売できない」とまで言うのですから、きっと日本でのビジネスに深く関係あるのでしょう。

ただ、何がどうビジネスに関係しているのか? これは謎です。

またキリスト教の信仰とどう折り合いがつくのかも不思議です。

ここまでのデータでひとつ神社の大きな特徴がみちびき出せます。

それは「**神社は宗教だと思われていない**」ということです。

もちろん神社の大半は神道《しんとう》系の宗教法人が運営する宗教施設です。その宗教施設で手を合わせて祈れば、信者だと思われて当然でしょう。

しかし神社参拝する人の多くは、自身が無宗教だと認識している。

ということは、そもそも神社は宗教だと思われていないと考えられます。

宗教だと思われてないのはお寺も同じです。

浄土真宗のあるえらいお坊様が、東京の大学に進学した息子さんの下宿先を探しに不動産屋を訪ねた時、これに決めようと思われた物件に「宗教お断り」の文字があったので、「私のところはお寺です」と言うと、**不動産屋さんから「お寺さんは大丈夫です。お寺さんは宗教じゃないですから」と言われたそうです。**

日本人が無宗教とされるのは、日本伝統の2大宗教である神社の神道とお寺の仏教が宗教だと思われていない、という奇妙な前提があるからです。

日本犯罪史上最悪の暴力事件を起こした宗教団体の信者が、事件後に「なぜ仏教に行かなかったのか?」と問われて、「日本のお寺は、単なる風景に過ぎなかった」と答えて、当時話題になりました。

お寺だけでなく神社も「単なる風景」と思われていたでしょう。

宗教色が見えないからこそ、キリスト教など他宗教を信仰する外国人でも、観光として抵抗なく神社やお寺に参拝できると考えられます。


では、本当に神社もお寺も「単なる風景」なのでしょうか?


「明治神宮は広いなあ」

「金閣寺はピカピカしてきれいだなあ」


見た目だけならそれで終わりですが、それ以上の何かがあるはずです。

ただ、参拝する人で、風景以上の何かを知っている人はどうも少ないようです。

例えば、初詣参拝者数日本一の明治神宮の神様はどなたでしょうか?

よく参拝している人でも意外に知らないものです。

答えは明治天皇と昭憲皇太后《しょうけんこうたいごう》です。

創建は大正9年（1920年）。明治天皇の崩御《ほうぎょ》を機に創建が決まりました。

別に知っている自慢ではなく、そして、知らなくとも参拝する効用は得られます。

「神様のことも神社の由来もろくに知らなくとも参拝する効用がある」は神社を理解する重要な手がかりで、この特徴があるから、宗教色が不要なのです。信心しようとしまいと、参拝する効用があるわけですから。

仏教ならば、お釈迦《しゃか》様以来の教えがたくさんあるので、ろくに知らなくともいい、などと言っては仏教の否定になります。

ただ、神道と仏教が混合した歴史が長い日本では、神社の鳥居があるお寺や、お寺の中に神社があるなど、お寺により神社色があります。第1章でデータをもとに解説していますが、神社とお寺の効用は共通点も多く、仏教も宗教色が薄くなっていると思われます。

本書は「神社の効用」「ビジネスへの神社活用法」について、データや企業の事例をもとに解明しています。神社もお寺もけっしてただの観光風景ではなく、「お稲荷さんを信仰しないと商売できない」と外国の営業パーソンにまで思わせる何かがあります。

「血縁、地縁、社縁」と日本社会の人間関係は呼ばれてきました。血縁は家族・親族のつながり、地縁は同じ地域に住む近隣のつながり、社縁は会社や役所など所属組織のつながりです。これらに加えて、現代はアメリカ流のアソシエーションと呼ばれる共通の目的や関心を持つ人々による自発的なつながりもあるでしょう。

この場でひとつ結論を言うと、神社は地縁をつくることに役立ちます。また社縁をつくるのに利用することもできます。

神様のことをろくに知らなくとも、鳥居の中に入ると何となく手を合わせてしまう、というのは、縁の中では地縁です。ご近所の人と挨拶《あいさつ》するようなものだからです。

ご近所の人は友達ではなく、よく知らないし、特にお近づきになりたいとも思っていませんが、それでも近くに住んでいる人だから、なんとなく挨拶します。

ビジネスでは社縁をつくるものとして利用されることもあります。実際、会社の中に神社がある会社もありますし、会社も同じ職場の人とすれ違えば「お疲れ様です」と挨拶する習慣があります。会社や役所は地縁の延長にあることも多いため、社縁の形成に神社は活用しやすいのです。

社縁への活用しやすさには、宗教色の薄さもあります。宗教的なことは深入りすると危険という、なんとなくの警戒感を持つ人はいるでしょう。このなんとなくを言語化すると、会社の中に別の目的を持つアソシエーションができると運営上マイナスだからです。

しかし神社には、教祖がいない、体系的な思想がない、独特の禁止事項やルールがない、勧誘されない、アソシエーション特有の共通の目的がない、と宗教的なものがないため、会社や役所の運営と対立しません。

また、参拝者に神社の神様を知らない人が多いように、深入りする人もごく少ないですし、仮に深入りしても日本史にくわしくなったり、神社の建築様式にくわしくなったりする程度です。

このようにマイナスがあまり見当たらないことに加えて、地縁づくりに役立つためビジネスに有用です。**「日本でお稲荷さんを信仰しないと商売できない」と外国人営業パーソンが判断したのも、神社参拝には地縁とつながるメリットがあるからです。**

同じものを買うなら知り合いから、というのは現代もよくあることで、営業の一環で地域のサークル活動に参加する人はいます。もちろん営業活動をすると嫌われますが、営業しなくとも、何をやっているかだけでも知ってもらえれば声がかかるのです。

会社も社内のサークル活動で得た人脈を社業に生かす人は多く、役所でも同じです。

こうした地縁・社縁のビジネスメリットは、多くの人が大なり小なり実感していると想像しますが、**本書では主に神社を活用した「縁のつくり方・生かし方」をくわしく解**

説しております。

ビジネスメリットには一般レベルと上級レベルの2段階あります。まず一般レベルですが、多くの人が一般的に得られる参拝のメリットが何か解き明かしています。

そして上級レベルでは、**著名なビジネスパーソンに共通の参拝習慣から、ビジネスを大きく向上させる効果的な神社参拝法を解説しています。**

禅など仏教のビジネス活用は、個人の能力開発で生かされる事例が国際的に増えました。一方、神社のビジネス活用は、個人の能力開発ではなく、神「社」と社が付くように、共同体の形成に役立ちます。無縁社会と呼ばれるほど人のご縁が薄くなったと言われる昨今《さっこん》、みなさまのご縁形成に、本書が一助となれば幸いです。

成功するビジネスパーソンは、なぜ忙しくても神社に行くのか？　目次

第1章

神仏はなぜビジネスを成功にみちびくのか？……19

第２章

強運体質になる「祈る」習慣 …… 69

第3章 売上アップ！ 商売繁盛やお金の悩みを解決する神社

第4章

第5章 ピンチを脱し心身の健康をよみがえらせる社寺

第1章

神仏はなぜビジネスを成功にみちびくのか？

成功するビジネスパーソンの8割は神頼みをする

フリーアナウンサーの田中みな実さんによると、成功した経営者とのお食事会あるあるは「あそこの神社いいよ。知ってる？ めっちゃ気もらえるから」「俺は本当に運がよかった」と言われることだとか。これはテレビ朝日系列の人気番組『あざとくて何が悪いの？』のＡＢＥＭＡスピンオフで放送された一幕《ひとまく》です。

成功しているビジネスパーソンには神社好きが多いのでしょうか？ 自信家に見える経営者が神頼みするのはイメージに合わないと思う方もいそうですね。

実は最もよく社寺（神社＋寺）に参拝する職業は「会社役員・経営者」です。

２０１８年、国内１２００社超が利用する日用品流通の情報基盤を運営する株式会社プラネットが３７９２人を対象に実施した意識調査によると、**80％の「会社役員・経営者」が神社とお寺のどちらかないし両方によく行くと回答しました。**

以下、定年退職76％、会社員68％、専業主婦（主夫）67％、自営業67％、公務員66％、

アンケート：神社やお寺のどちらによく行きますか？

	合計	神社やお寺に行く	両方ともほとんど行かない
会社役員・経営者	120	**80.0%**	20.0%
定年退職	355	75.5%	24.5%
会社員	1388	67.7%	32.3%
専業主婦（主夫）	546	67.2%	32.8%
自営業	328	66.8%	33.2%
公務員	135	65.9%	34.1%
自由業	105	63.8%	36.2%
パート・アルバイト	439	59.6%	40.4%
無職	328	53.4%	46.6%

※「その他」は省略

全体	3792	66.4%	33.6%

出所：株式会社プラネット「お寺・神社に関する意識調査」2018 年 7 月 19 日

自由業64％、パート・アルバイト60％、無職53％（小数点第1位を四捨五入、以下同様）。
会社役員のような**成功しているビジネスパーソンが特に神頼みに積極的なのは、データから明らかでしょう**。これだけ行く人が多いと、神仏の力を頼るのはビジネスの裏技と言っていいかもしれません。

みなさん社寺でいったい何を願っているのでしょうか？

前述の調査では、「どんな願掛《がんか》けをするか？」も報告されています。

神社では安全（家内・交通など）を願う人が61％と最も多く、以下、健康運アップ51％、開運・運気上昇50％、金運アップ26％、平和11％、合格11％、恋愛・縁結び9％。また、何も願い事をしない人が12％でした。

お寺でも願うご利益《りやく》の順位はほぼ同じですが（恋愛・縁結びを願う人が合格よりわずかに多いだけ）、願掛けはしない、つまり何も願い事をしない人が大きく増えて30％ありました。お寺は、願うよりも故人をとむらう場所と考える人が多いと想像します。

神社での願掛けの内容を職業別に見ると、**会社役員・経営者は、開運・運気上昇と金**

運アップを願う人が最も多い職業で、開運・運気上昇58％、金運32％と、他の職業に比べて上昇志向と金銭欲が特に大きかったです。以前、ある社長さんに「金運を願う人は、意外に少ないんですよ。公務員や定年退職した人とか、金運をあまり願わないですね（データでは18％前後）」と言うと、「金運以外に何を願うんですか⁉」と驚かれました。

ちなみに**何も願い事をしない率が最も多い職業は第1位が無職で23％、第2位が定年退職17％です**。

以上のデータから、神社のご利益の本質が分析できます。

が、その前に、そもそも神社（日本）の神様とはいったい何でしょう？

私たちは神社で何に対し、祈り、願っているのでしょうか？

神様の名前に隠された「ご利益の秘密」

日本の神様とは何か、よく分からない人も多いと思います。実際、神社にお勤《つと》めしようとする方でもない限り、日本の神様について教わる機会はなかなかありません。

日本の神様は大きく2パターンあり、「大自然」と「日本人のご先祖さま」です。大自然とは、太陽、月、山、風、海、水、雲など。日本は自然の恵みが世界的に見ても豊かで（例：水が豊富できれい）、大事にしていたことがうかがえます。また亡くなった人間を神様とするのも神道の特徴で、歴史を大事にしていたことが見て取れます。

そんな日本の神様の役割を理解する鍵が、「お名前」にあります。

例として、さいたま市大宮区の氷川《ひかわ》神社をあげると、現在、次の3柱が主祭神として祭られています。ちなみに、神様の数は、「柱（はしら）」と数えます。

- 須佐之男命（すさのおのみこと）……父神
- 稲田姫命（いなだひめのみこと）……母神
- 大己貴命（おおなむちのみこと）……子神

この父母子3柱のお名前に、それぞれ「命（みこと）」という文字が使われています。他の神社でも、多くの神様のお名前に「命（みこと）」が付いています。

この「命（みこと）」とは、「使命」を意味しています。

「命」を名前に持つ日本の神様は「使命」を持つ存在と言えます。

例えば須佐之男命（略称スサノオ）の使命は、治《ち》水《すい》など「災害対策」と考えられています。スサノオは神話で、人々を襲《おそ》い暴れる八岐大蛇（ヤマタノオロチ）を退治しました。ヤマタノオロチは巨大で凶悪な龍ですが、これは喩《たと》え話で、実際のヤマタノオロチとは斐《ひ》伊《い》川《がわ》、人々を襲い暴れるのは「洪水とその被害」を指すという説があります。ヤマタノオロチの退治は、スサノオが治水に成功した物語だというのです。

ここから、スサノオの使命は、治水などの「災害対策」だと推測できます（別の神話では「疫病《えきびょう》対策」です）。あくまで推測なのは、**神社の教えである神道には「教祖・教典・教義」がなく、聖書や教科書のごとき絶対の決まりや答えはない**からです。

本書の考え方も、あくまでひとつの推測や解釈とお考えください。

その上でスサノオの使命は治水などの災害対策だとする根拠を申し上げると、東日本大震災の時に、スサノオをお祭りする神社は、津波被害をほぼ受けませんでした。

２０１２年の土木学会で発表された高田知紀《たかだともき》博士らの報告によると、２０１１年から２０１２年に宮城県沿岸部全域（岩手県の大船渡《おおふなと》市・陸前高田市を含む）に古くからある２１５の神社を調べたところ、１３９社が津波被害をまぬがれ、一部浸水は23社、被害を受けたのは53社でした。被害をまぬがれた確率約65％です。

祭神別に見ると、スサノオを祭る神社は17社。うち14社が津波被害をまぬがれ、一部浸水は2社、被害を受けたのは1社。被害をまぬがれた確率約82％です。スサノオと関連が深い熊野系神社11社も、一部浸水が1社あっただけでした。

一方、天照大神《あまてらすおおかみ》（略称アマテラス）を祭る神社や稲荷系神社の多くは被災し、被害をまぬがれた確率はどちらも50％未満でした。

昔の人々は「この場所は洪水や津波を避けられる」という目印にスサノオという神様を使ったと推測できます。

我々のご先祖さまは、神様という存在を使って、大事なメッセージ「命（みこと）」を託《たく》しているのです。何のメッセージだったかどんどん忘れられていきますが……。

そんな使命やメッセージを託された神様のいる神社に参拝して、**子孫たる我々は神様の命（みこと）を受け取ります。この命（みこと）こそが神様のご利益です。**

神社は「聖なる使命」を授かる場

ここで、最初に紹介した職業別意識調査の結果を思い出してください。

最もよく社寺に参拝する職業は「会社役員・経営者」。

開運・運気上昇と金運アップを願う人が最も多い職業は「会社役員・経営者」。

そして神社参拝のご利益とは、神様の命（みこと）、すなわちご先祖さまから託された使命やメッセージを授《さず》かることです。

よく社寺に参拝し、願い事をする人は、よく使命を授かる、すなわち「多くの仕事がくる」とデータから見て取れます。

ビジネスパーソンにとっての社寺参拝は、営業活動や社内でやりたい仕事がまわってくるための活動になっているのです。

「そんな訳ないだろう⁉」とツッコミを入れたくなりますね。

ただ、他の状況証拠として、最も社寺に参拝しない人は無職の方です。仕事がないとは、つまり使命を授かっていないと解釈できます。また、何も願わない人が最も多い職業も無職です。参拝しても、何も願わないから仕事もない、もしくは仕事を求める意欲が薄いとも考えられます。

定年退職者は、会社役員・経営者に次いで、社寺によく参拝しますが、何も願わない人が無職に次いで多い。職はもう不要の人が多いでしょうから、ご利益として仕事（使命）がくることもないと解釈できます。

もし仕事がたくさんすぎて減らしたい人は、社寺参拝の回数を減らす、あるいは社寺参拝しても何も願わないといいですね。

なお定年退職者は安全（家内・交通など）を願う人が最も多く、次いで健康運アップを願う人が多いです。無事に健康に過ごすことが使命だとも言えるでしょう。

仕事や役割が欲しい人は、ぜひ神社やお寺に参拝し、そしてあなたの求めることを願ってください。

なぜ日本は世界でダントツに長寿企業が多いのか？

日本は長寿企業が世界で最も多い国です。それもダントツでナンバーワンです。

日経ＢＰコンサルティングの「世界の長寿企業ランキング」（２０２２年版）によると、**創業年数が１００年以上、２００年以上の企業数の国別調査で、日本は両方とも世界１位**でした。

創業１００年以上の企業総数は、世界全体で７万４０３７社。そのうちの50％強に当たる３万７０８５社が日本企業で、２位の米国２万１８２２社を大きく上回りました。

さらに創業２００年以上になると、１位は同じく日本の１３８８社で、世界全体の２００年企業２１２９社中65％強まで上昇します。２位の米国は２６５社です。

なぜ日本の企業は世界で最も長続きするのか？

その謎を解く鍵は、やはり神社仏閣の存在にあります。

創業 100 年以上の企業数と比率		企業数	比率
1 位	日本	37085	50.1%
2 位	米国	21822	29.5%
3 位	ドイツ	5290	7.1%
4 位	英国	1984	2.7%
5 位	イタリア	1182	1.6%
6 位	オーストリア	649	0.9%
7 位	カナダ	594	0.8%
8 位	フィンランド	474	0.6%
9 位	オランダ	467	0.6%
10 位	オーストラリア	425	0.6%

創業 200 年以上の企業数と比率		企業数	比率
1 位	日本	1388	65.2%
2 位	米国	265	12.4%
3 位	ドイツ	223	10.5%
4 位	英国	81	3.8%
5 位	ロシア	38	1.8%
6 位	オーストリア	34	1.6%
7 位	オランダ	17	0.8%
8 位	ポーランド	16	0.8%
9 位	イタリア	14	0.7%
10 位	フランス	11	0.5%

出所：日経 BP コンサルティング・周年事業ラボ「2022 年版 100 年企業〈世界編〉」
2022 年 10 月 20 日

というのも1000年以上続く企業は、神社仏閣関係の仕事が多いのです。東京商工リサーチが2016年にまとめた「全国『老舗《しにせ》企業』調査」によると、業歴1000年以上の企業は7社ありました。その後の2024年に1000周年を迎えた企業があるので、現在は合計8社になります。

578年創業、世界最古の企業「金剛組《こんごうぐみ》」は大阪の建設会社で、聖徳太子《しょうとくたいし》が四天王寺を建てるために百済《くだら》から招《まね》いた宮大工・金剛重光《しげみつ》によって創業されました。以後、四天王寺をはじめとする寺社建築を中心に手がけ、現在は髙松建設の系列会社です。

587年創業、世界で2番目に古い企業「池坊華道会《いけのぼう》」は華道の家元「池坊」の一般財団法人です。聖徳太子が如意輪観音《にょいりんかんのん》より「今後はこの地で人々を救いたい」とお告げを聞き、頂法寺（通称・六角堂）を創建したのが始まりとされます。ただ頂法寺（六角堂）が史料にあらわれるのは11世紀初めからなので、実際は1000年少々の歴史かもしれません。

華道の起源は、仏に花を供える「仏前供華《くげ》」や、植物を立てて神を宿らせる行為が有力です。頂法寺の池のほとりに住む僧侶《そうりょ》が朝夕《あさゆう》に如意輪観音へ花を献じたことから、その僧侶はしだいに「池坊」と呼ばれ、いけばなの名手と知られるようになりました。これが「池坊華道会」の実質的な始まりで、頂法寺の住職は池坊の家元を兼《か》ねます。

世界最古のホテルとしてギネス認定された山梨県の慶雲館など、「全国『老舗企業』調査」によると、日本には１０００年以上続く古い温泉宿が４社あります（数字は調査により変動）。９２７年にまとめられた延喜式《えんぎしき》と呼ばれる格式（法律の取説《とりせつ》）によると、国家が物や金銭を奉納した温泉関係の神社は10社あり、１０００年企業の温泉宿４社のうち、３社は僧侶が湯を発掘したとされます。

その他、８８５年頃創業の「田中伊雅《いが》仏具店」は、密教の仏具などを製造しています。

このように１０００年続く日本企業は、先の「老舗企業」調査に含まれていない企業も含めて、その多くが神仏と関係しています。

【日中比較】なぜ中国には長寿企業がほとんどないのか？

「中国は5000年もの歴史がありながら、100年以上続く企業はほとんどない。それはなぜなのか？」。中国出身の経営学者・竇少杰《とうしょうけつ》博士は、そうした疑問から、日本の長寿企業の経営に関心を持ちました。

竇博士によると、

- **長寿企業の多くが家族経営である。**
- 家族企業の存続で重要なポイントは次の3つに分けられる。

①**企業経営**において重要なのは、経営理念の堅守《けんしゅ》、イノベーション精神と実践、および危機への対応。

②**家族経営**において重要なのは、家訓や家風、理念の承継、そして後継者教育が不可欠。**中国大陸や台湾では、特に事業承継でつまずく家族企業が多い。**

③**財産経営**において重要なのは、次代への資産承継。長子相続が一般的な日本とは異なり、中国ではすべての子供に財産を平等に分配する慣行がある。これが骨肉《こつにく》の争いを生み、家族企業の存続を危《あや》うくする原因になっている。

• 以上３つの経営重要ポイントがいずれも大丈夫な企業が、長く存続する。

私から**日中の違いを指摘すると、日本は現在ある国家の中で世界最古です**。国家が変わると、前の国家の文化は否定され、消滅します。中国も数千年の歴史があると言いつつ、今の中華人民共和国の建国は１９４９年10月と、まだ１００年も経っていません。１００年以上続く企業が中国にほとんどないのも当然と考えられます。

『古事記《こじき》』『日本書紀《にほんしょき》』をうのみにすると、世界最古の王室「皇室」の初代神武《じんむ》天皇が即位した紀元前６６０年1月1日（旧暦）が日本国の建国日。以来、２６８０年以上も続いているとされます。実在性の確かな歴史においても日本国は6世紀頃にはあったと考えられ、少なくとも１４００年以上も続く皇室（日本国）は、世界2位の歴史があるデンマーク王室より約４００年も長いです。国家の存続においても日本はダントツに長いのです。

- 世界最古の国家「日本」
- 世界最古の現存する木造建築「法隆寺」
- 世界最古かつ最大の和歌集『万葉集』
- 世界最古の印刷物「百万塔陀羅尼《だらに》経」
- 世界最古の長編小説『源氏物語』

このように世界最古の多い日本には、長続き可能な文化風土があり、その根本は皇室の存続や神仏との関わりにあると私は考えています。

ただ、近年は1000年企業の半数近くが倒産の危機を経験しました（金剛組、慶雲館、法師）。また次代への事業承継は、左ページの図のように同族よりも内部昇格が上回るようになり、「所有と経営の分離」が徐々に進んでいると考えられます。財産は家族で継承するが、経営は身内ですませられない、より客観的なものに変化しているのです。

後継者と前経営者との関係性の推移（就任経緯別）

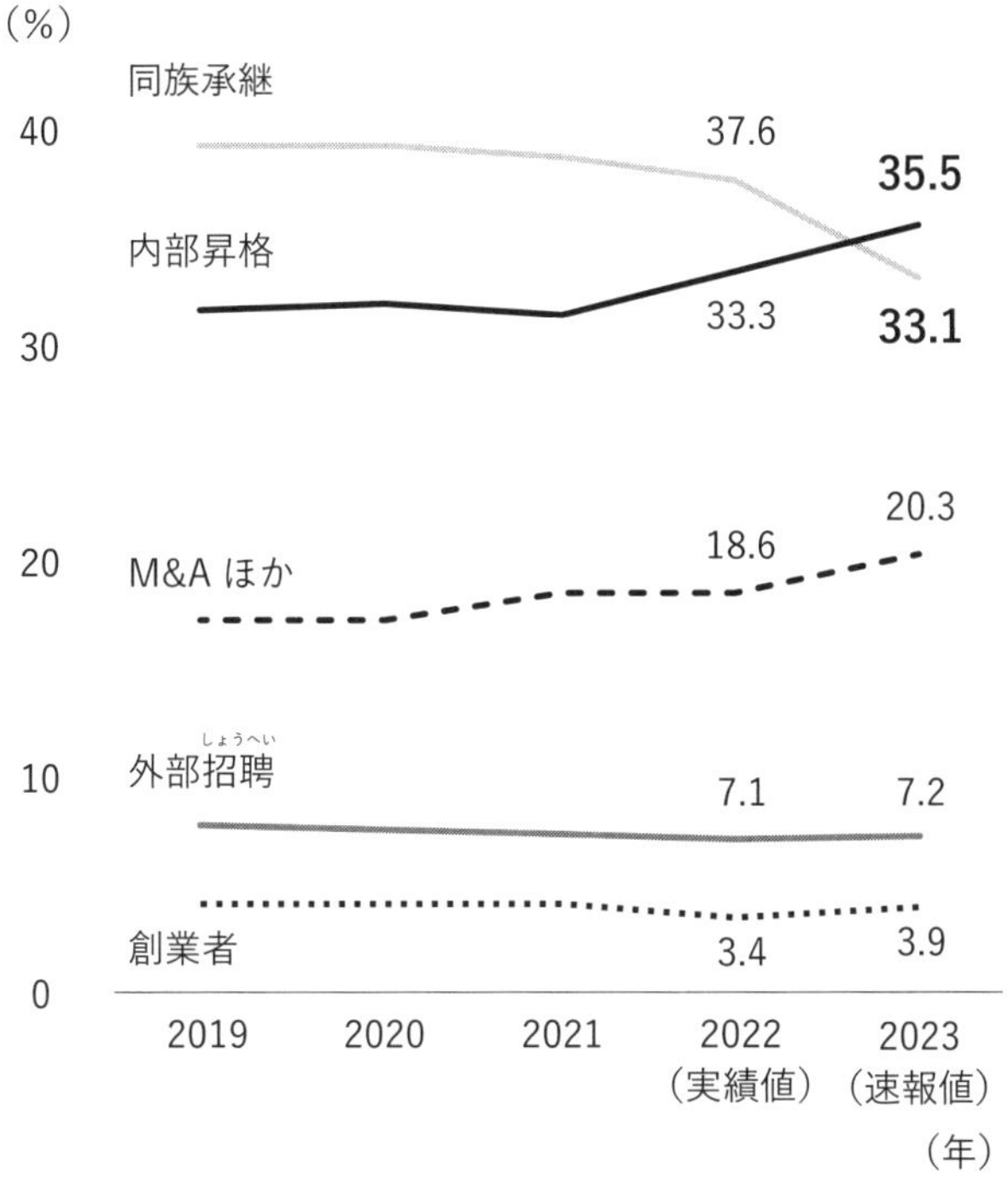

出所：帝国データバンク「全国『後継者不在率』動向調査（2023年）」2023年11月21日

パナソニックには神社管理担当の正社員がいる

大手総合電機メーカー「パナソニックホールディングス」には、会社の中に神社があります。週刊誌『AERA』の記事（2018年1月15日号）に、頭を丸めた僧侶姿の田中観士さんの取材記事が掲載されていました。

名刺には、「パナソニック本社グループ人事・総務センター　祭祀《さいし》担当」（当時）の肩書が。本社をはじめ、関西エリアの事業所に設置されている計24カ所の「社内社」の祭祀一切《いっさい》を仏式で任されているということです。

パナソニックといえば、創業者の松下幸之助氏は石清水八幡宮《いわしみずはちまんぐう》（京都府八幡《やわた》市）、野田恵美須《えびす》神社（大阪市福島区）の総代《そうだい》をお務めになられました。総代は信者の代表。野田恵美須神社がある地域はパナソニック創業の地で、松下氏自身、最後まで本籍を置き続けたゆかりの地です。

総代を務めただけだと、「信仰心の篤《あつ》い方」という印象ですが、祭祀担当の社員が代々いるとまでなると、なぜそこまでと不思議に思われるでしょう。先の田中さんは５代目で、本社別館の「司祭室」に勤務し、毎朝出社とともに香《こう》をたき、袈裟《けさ》に着替えるそうです。

同社はかなり戦略的に神様（龍神）を活用しており、守護神は本社の白龍大明神《だいみょうじん》を中心に、黒・青・赤・黄と５色の龍神と下天《げてん》龍王、善女《ぜんにょ》龍王が祭られています。

本社：白龍大明神
旧松下電工グループ：黒龍大明神
旧松下電池工業：青龍大明神
自転車事業部：赤龍大明神
旧松下電子工業・旧松下産業機器：黄龍大明神
音響映像関係の事業場：下天龍王
西宮《にしのみや》の松下幸之助邸宅（光雲荘）：善女龍王

開発研究所：天照大神

新たな事業所の開設とともに龍神の社《やしろ》が守護神として建立《こんりゅう》され、一時期は130カ所以上にもなりました。現在は全国の事業所に約100カ所の社があり、全ての社で幹部・管理職が同席して毎月の月例祭がおこなわれています。

松下幸之助氏が会社内に神社を多く建てた狙いは、結局のところひとつと推測しています。それは、「運を強くする」ということです。

松下氏は、採用面接の最後に「君は運が強いですか？」という質問をしたそうです。そして「運が悪いです」と答えた人はどんなに学歴や試験結果がよくても不採用にしたと伝わっています。

運を意図的によくする方法があるなら、みなさんも知りたいだろうと思います。

松下氏の運をよくする原点は松下家ゆかりの守護神である白龍大明神でしょう。創業した際、和歌山市内の生家《せいか》で祭られていたのを「御霊《みたま》分け」し、以来、本社に祭られています。

企業経営と宗教、両者は全く関係なさそうですが、実は多くの日本企業が様々な宗教的行為を取り入れています。

以前、東京品川の高野山《こうやさん》東京別院を訪れた時、コカ・コーラ関連の企業が社員研修をやっていました。高野山に伝わる阿字観《あじかん》という瞑想《めいそう》法をお伝えしているとのこと。その際、僧侶の方からトヨタの社員研修をされている旨《むね》も伺《うかが》いました。

瞑想法は能力開発の一環と捉えられているようです。

神社の建立や祭祀も、企業経営で活用するからには、成果をあげてナンボでしょう。

実際、成果につながることをこれからお示しします。

神仏はあなたの「GRIT」（やり抜く力）を向上させる

社寺参拝が主に効果を発揮するのは、次の2点です。

- **より誠実に、より一生懸命に取り組む**
- **他者の利益のために動ける協力的な人間性を育《はぐく》む**

私の書籍をお読みの方なら、よくご存じのことですが、社寺のある地域では、住民の地域愛が増します。**ある対象を愛すると、愛した対象のために貢献したい意欲が増します。より誠実に一生懸命がんばるわけですから、結果も向上します。**

※このアイデアの元データは、2008年の土木学会で鈴木春菜氏ら東京工業大学の研究室メンバー（当時）が発表した論文。515名を対象に地域愛着について調査し、多変量解析でデータ分析した結果、社寺のある地域は、住民の地域愛が増す一方、他の要素（ゲームセンター・パチンコ店、川や池、田畑、森林、ファミレス、鉄道駅、商店街、公民館、大型ショッピングセンター、コンビニ、スーパー、古いまちなみ）は影響しないことを確認したものです。公園は、社寺に次いで地域愛着を増す傾向があります。

私がよくご紹介しているパフォーマンス向上のプロセスは、
【知る　→　愛する　→　貢献意欲が増す　→　パフォーマンスが向上する】

パナソニックの龍神社をこのプロセスに当てはめると、神社のある会社は、社員の会社愛が増します。会社愛が増すと、愛した対象のために貢献したい意欲も増して、より誠実に全力で仕事に取り組み、成果も向上します。

愛する要因は、相手のいい部分を知ること。会社のいい所を知り、会社愛や職場愛が増せば、「この人たちのためになりたい」と、より誠実に、全力で仕事をして結果が出るのは自然の流れでしょう。

このように神仏に祈ることで身に付く「愛を持って生きる力」は、成功するための大切な力と共通点が多いです。その大切な力は、ペンシルベニア大学心理学部のアンジェラ・リー・ダックワース教授が提唱するＧＲＩＴ（グリット）です。日本語で「やり抜く力」と定義されており、次の４つの要素から成り立ちます。

- Guts（ガッツ）：困難なことにも立ち向かう度胸
- Resilience（レジリエンス）：苦境にもめげずに立ち直る復元力
- Initiative（イニシアチブ）：自《みずか》ら目標を見つけて取り組む自発性
- Tenacity（テナシティ）：最後までやり遂《と》げる執念《しゅうねん》

神仏に祈ることで身に付く「愛を持って生きる力」は、ＧＲＩＴの４要素を大いに向上させることでしょう。

ダックワース教授は、ＩＱなど生まれつきの才能や環境よりも、努力や継続の重要性こそが成功に重要だと説いています。その主張がどこまで妥当かは本書では扱いませんが、この「やり抜く力」も成功に重要な要素であることは間違いないでしょう。

同時に、やり抜けるモチベーションの問題は大きいと思います。**大変な労力がともなうのですから、人はなかなか「やり抜きたい」とは思い続けられないものです。**

だからこそ、社寺の存在が促《うなが》す「愛を持って生きる力」の役割も大きいと言えます。愛する人たちのために人は努力し、困難な状態においても、最後まで「やり抜ける」モチベーションを持続できるのではないでしょうか。

神仏は孤立を防ぎ、人と「つながる力」の基盤になる

社寺の存在は、人間一般への信頼を高め、人と協力的な関係を築く効果があります、と言うと驚かれるでしょうか？

「こんな人たちのために努力したくない」と思うと、人はやり抜く気になれません。せいぜい自分のために「クビにならない程度に」「最低限やる」くらいのやる気でしょうか。ですから、会社に神社があろうと何があろうと、そもそも会社に人をやる気にさせる、協力的な風土をつくるのは大事なことです。

ただ、会社だけの問題ではなく、ある個人が人間不信だと、どんな組織にいようと「こんな人たちのために努力したくない」となります。

子供の頃から社寺で神仏になじむことは、人間信頼を育み、孤立を防ぎ、人と協力的につながる力の基盤になります。人間不信にならない仕組みが神仏にあるのです。

その根拠となるデータは、大阪大学社会経済研究所で、全国1万8235人を対象に、ソーシャルキャピタルと所得・幸福度・健康との関係を統計分析した論文です。ソーシャルキャピタルとは、人間関係を財産の一種と捉える考え方です。

この論文の結論を言うと、小学生の頃、近所や通学路に寺院・地蔵・神社があると人への一般的信頼や互恵性《ごけい》・利他性が向上します。互恵性とは、与え合いの精神。自分のメリットだけを追わず、お互いのメリットになる行動を取れる人間性です。利他性は他者のメリットや幸福のために行動できる人間性をあらわします。

人への一般的信頼や互恵性・利他性は、所得の向上には関係しませんが、幸福度と健康の向上にはプラスの影響を与えます。**要するに子供の頃、身近にお寺・お地蔵さん・神社があった人たちは、なかった人たちよりも、ちょっと幸福で、ちょっと健康なので**

す。なぜなら、人と信頼関係や与え合いの関係を築ける可能性が高いからです。

「ただ存在するだけで、そんな影響があるのか？」と不思議に思う方もいるでしょう。先にパフォーマンス向上のところで参考にご紹介した「社寺がある地域は住民の地域愛が増す」こととの共通点を申し上げると、「人間をより良く（善く）思うこと」です。

地域愛が増す要因は、その地域住民がいい人だと知ることです。「うちの近所はいい人が多い」（だから近所はいい環境）と思える状況です。会社でも、「うちの職場はいい人が多い」（だからいい職場）と思っている方も多いでしょう。

人を一般的に信頼するのも、信頼に足るいい人だと思えるからです。

つまり、**社寺があると、どういうわけか、その社寺の参拝者や社寺の近所の人達は「参拝者はいい人が多い」「周りの人間はいい人が多い」と、人々のいい部分を「知る」のです**。世界中の人々がいい人、とまで思えるかは不明ですが、自分が住む社会の人達についいては、いい人な部分を知るようです。

もちろん、神社やお寺に参拝しても、他の参拝者の人柄《ひとがら》を知る機会はほとんどありません。にもかかわらず、人のいい部分をより知ります。この謎について、ひとつ私なりの解釈があります。

●社寺に参拝すると、知らぬ間に、ちょっといい人になる。

●社寺に参拝すると、知らぬ間に、ちょっといい人になったことで、ちょっといい影響を人に及ぼすようになり、近所の子供や住民にも、ちょっといい影響を与える。

この根拠は、拙著『成功している人は、どこの神社に行くのか?』(サンマーク出版)でおこなった1200人の調査データです。

神社参拝とお墓参りの両方をする人たちには、性格に特徴があったのです。

「業績が上がり、健康な人」が実践する秘訣

人の性格の中で、「**この性格の人は、採用するといい人材の可能性が高い**」と**分かっている性格がひとつだけあります**。

その性格は、「誠実性」や「勤勉性」という言葉であらわされます。

性格の基本を５つに分類するビッグファイブ・モデルというものがあります。性格をあらわす言葉を辞書から全て拾って、統計分析をくりかえす調査研究が長年おこなわれたのですが、現在はこの５つの分類に落ち着いています。

①外向性（にぎやか、元気、おしゃべり、活発、人付き合いに積極的）
②協調性（親切、やっかいでも人を助ける、人情がある、思いやりがある、世話好き）
③誠実性・勤勉性（徹底的、計画的、注意深い、根気がある、仕事に精力的）
④情緒安定性・神経症傾向（穏《おだ》やか、落ち着いた、おおらか、心配しない）
⑤知性・開放性（本質を見抜く、分析的、好奇心がある、広い知識、豊かな発想）

５つの性格の中から誠実性・勤勉性に注目したのは、職業上の成績評価と最も関連するからです。誠実性・勤勉性の高い人は、会社での評価も高い傾向にあるのです。

また、誠実性は長生きと関連します。

『長生きの統計学』(川田浩志著/文響社)に紹介されている、米国の国際的な疫学《えきがく》専門誌『アメリカン・ジャーナル・オブ・エピデミオロジー』に掲載されたヘルシンキ大学の研究者らによる調査では、ビッグファイブ・モデルの5つの性格の中で、**誠実性(勤勉性)のみが死亡リスクと関係。誠実性(勤勉性)が高いと判定された人たちは、低いと判定された人たちよりも、死亡リスクが30%以上低い**と報告されています。

誠実で勤勉な人は、優秀なビジネスパーソンで、健康的な人が多いのです。

「無事之《これ》名馬」というように、健康はビジネスパーソンにも重要ですよね。

誠実性(勤勉性)とは、自己コントロール能力です。自己コントロール能力の高い人たちは、健康的な生活習慣を守る確率が高いのでしょう。

また、誠実性(勤勉性)を判定する項目は、「GRIT」(やり抜く力)との共通点が多く、中身はほぼ同じです。やり抜く力にも、また自己コントロール能力の高さは必須《ひっす》と言えます。

この誠実性・勤勉性、社寺参拝と関係します。それを示すのが、先ほど触れた『成功している人は、どこの神社に行くのか？』でおこなった調査です。１２００人を対象に、次の４つのグループをつくり、各グループと性格との関係を分析しました。

①神社によく参拝し、お墓参りにはあまり行かない（神社○　お墓×）
②神社によく参拝し、お墓参りにもよく行く（神社○　お墓○）
③神社に参拝せず、お墓参りにも行かない（神社×　お墓×）
④神社にあまり参拝せず、お墓参りにはよく行く（神社×　お墓○）

その上で、神社とお墓参りの参拝タイプ別に、どれくらい誠実性（勤勉性）があるのか評価しました（誠実性の評価は、『主要5因子性格検査ハンドブック 三訂版』〈村上宣寛・村上千恵子著／筑摩書房〉に紹介されている勤勉性12項目を用いて、次の5段階で自己評価してもらいました。「1：まったく当てはまらない　2：あまり当てはまらない　3：どちらとも言えない　4：やや当てはまる　5：よく当てはまる」）

その結果を示した左ページのグラフを見ると、神社参拝もお墓参りもよくする人は、誠実性（勤勉性）が高い傾向にあります。**神社にもお墓参りにも行く人は、業績をあげる人材で、かつ健康な可能性が高いのですから、会社としても採用したい人材の可能性が高いと言えます。**

神社参拝やお墓参りなど、社寺参拝には、自己コントロール能力を高める何かがあると推測されます。本書でも、自己コントロール能力を高める参拝法を第2章でご紹介します。

幸せな成功者、不幸せな成功者。その決定的な違いは？

成功したビジネスパーソンが神仏に祈るのは、何も「お金目当て」とは限りません。

結論から言うと、幸せなお金持ちは神仏に祈り、不幸せなお金持ちは神仏に祈らない

社寺参拝と誠実性の関係

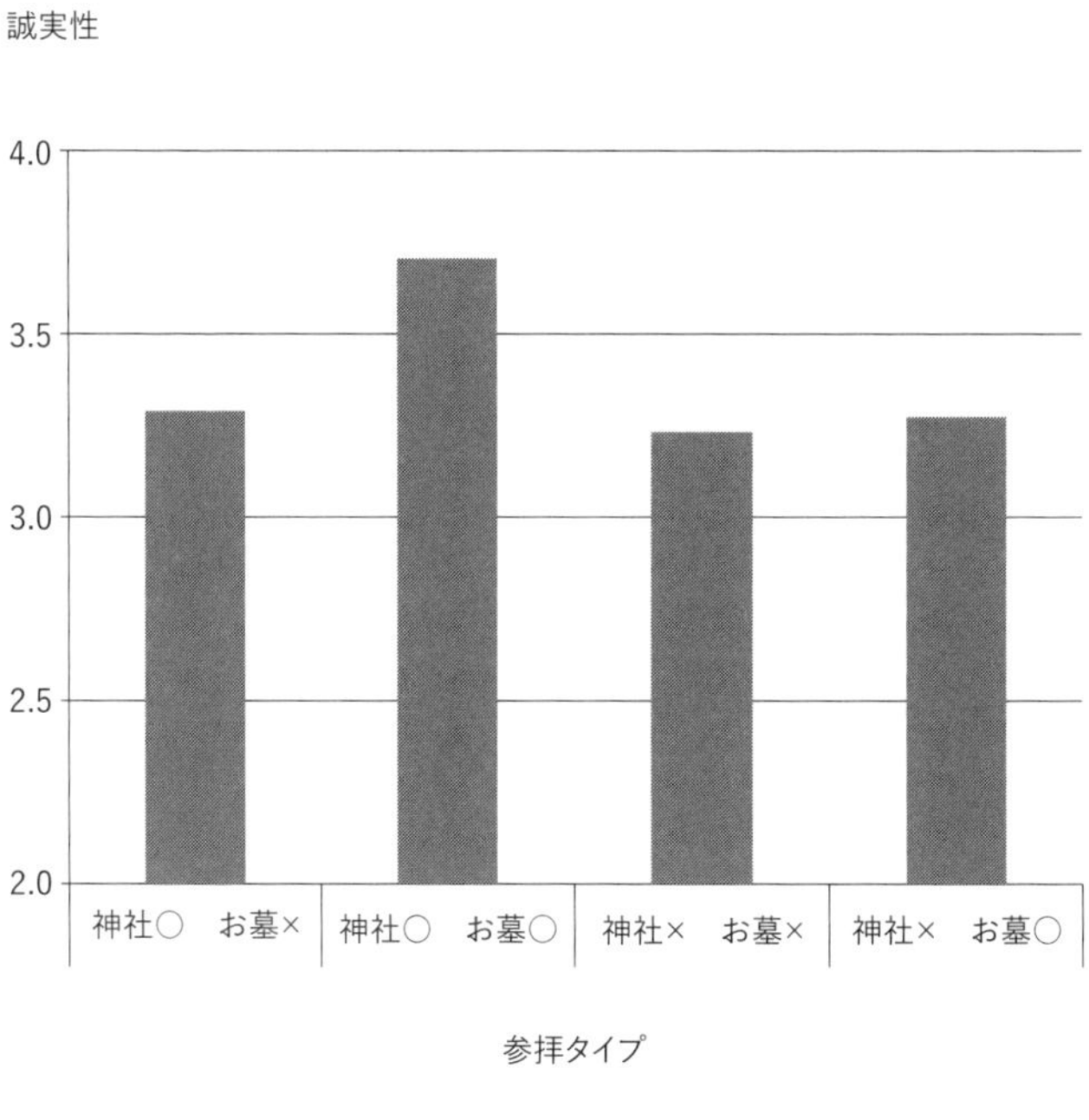

出所：著者が楽天リサーチに依頼しておこなったアンケート調査（2017年6月21日）

傾向があるのです。

２０１９年の内閣府調査によると、年収と生活満足度（≒幸福度）との関係は、世帯年収２０００万～３０００万円が最も満足度が高く、それ以上増えると、生活満足度は低下します（左ページの図）。

最も生活満足度が高い年収は、調査によって、１５００万円だったり、３０００万～５０００万円だったりと異なりますが、ポイントは、これ以上増えるとかえって生活満足度が落ちるピークがあることです。

図の**内閣府調査では、年収１億円以上の人たちの生活満足度より、年収７０００万～１０００万円の人たちの生活満足度の方が高い**です。

「お金持ちは意外に不幸」というのがデータから見える現実です。

ただ、お金持ちでも幸せになる可能性を高める有力な方法があります。そのひとつが社寺参拝です。

世帯年収別の総合主観満足度

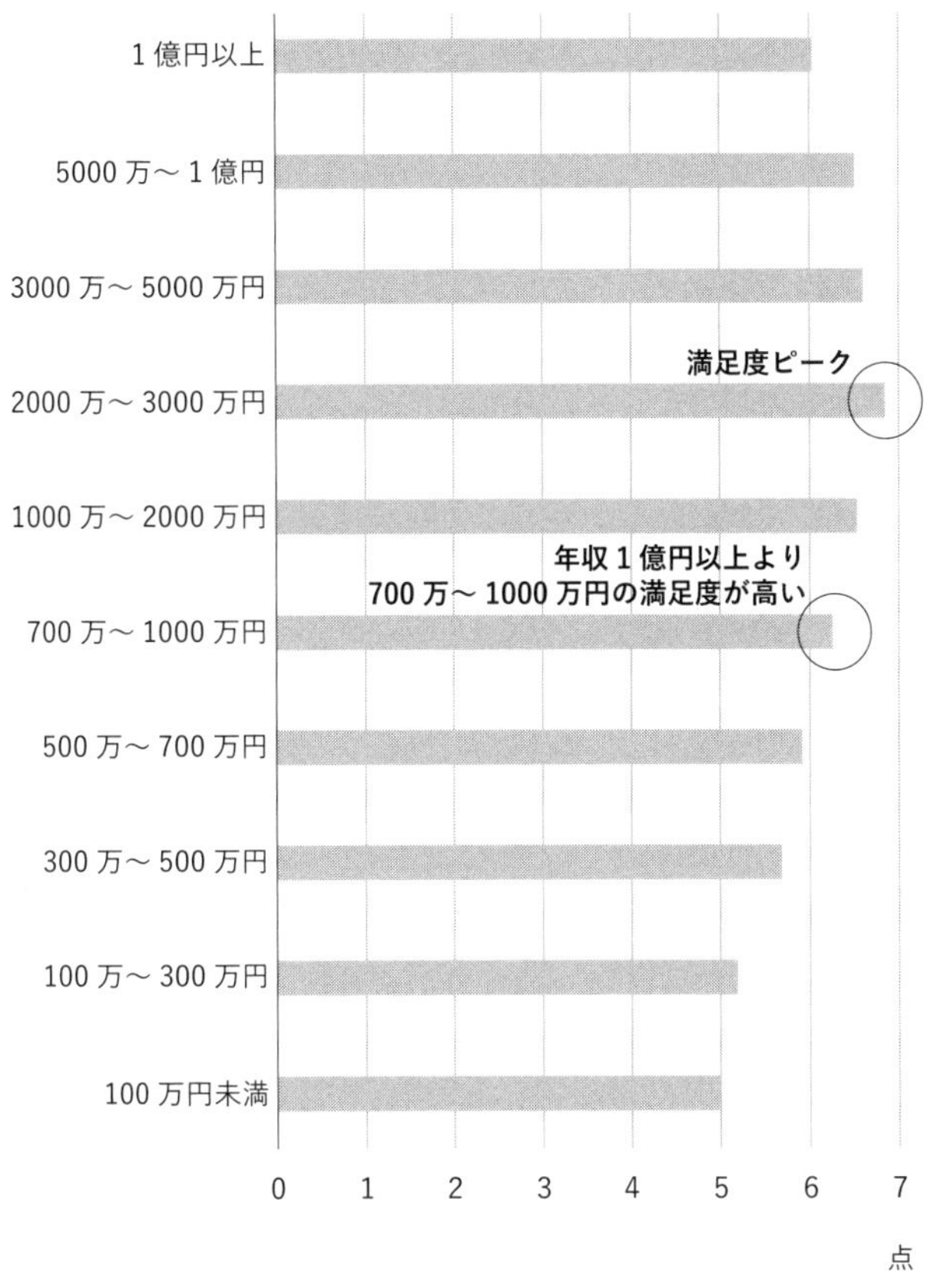

出所：内閣府「『満足度・生活の質に関する調査』に関する第 1 次報告書」
2019 年 5 月 24 日

左ページの図は、私の読者さんにはおなじみですが、年間の神社参拝回数と幸福度の関係を、年収別に折線グラフにしたものです。

このグラフのポイントは

- 4つの年収帯のうち3つで、神社参拝回数ゼロの人たちが最も幸福度が低い
- 年収500万円未満で神社に年間2~3回行く人の方が、年収1500万円以上で神社に行かない人より、幸福度が高い。
- 回数をたくさん行けばいいとは言えない。想像だが、今、大変な状況の人ほど、たくさん通《かよ》っているのではないか？
- 年収1500万円以上で、神社に年4~6回行く人が最も幸福度が高い。年1回以上行くと、年収1500万円以上でも幸福度は高いレベルになる。

参拝者本人が自覚しているかは分かりませんが、ある程度のお金を得た人たちは、神仏に祈ることで幸せでい続けられる支援を得ているのです。

参拝回数と幸福度の関係

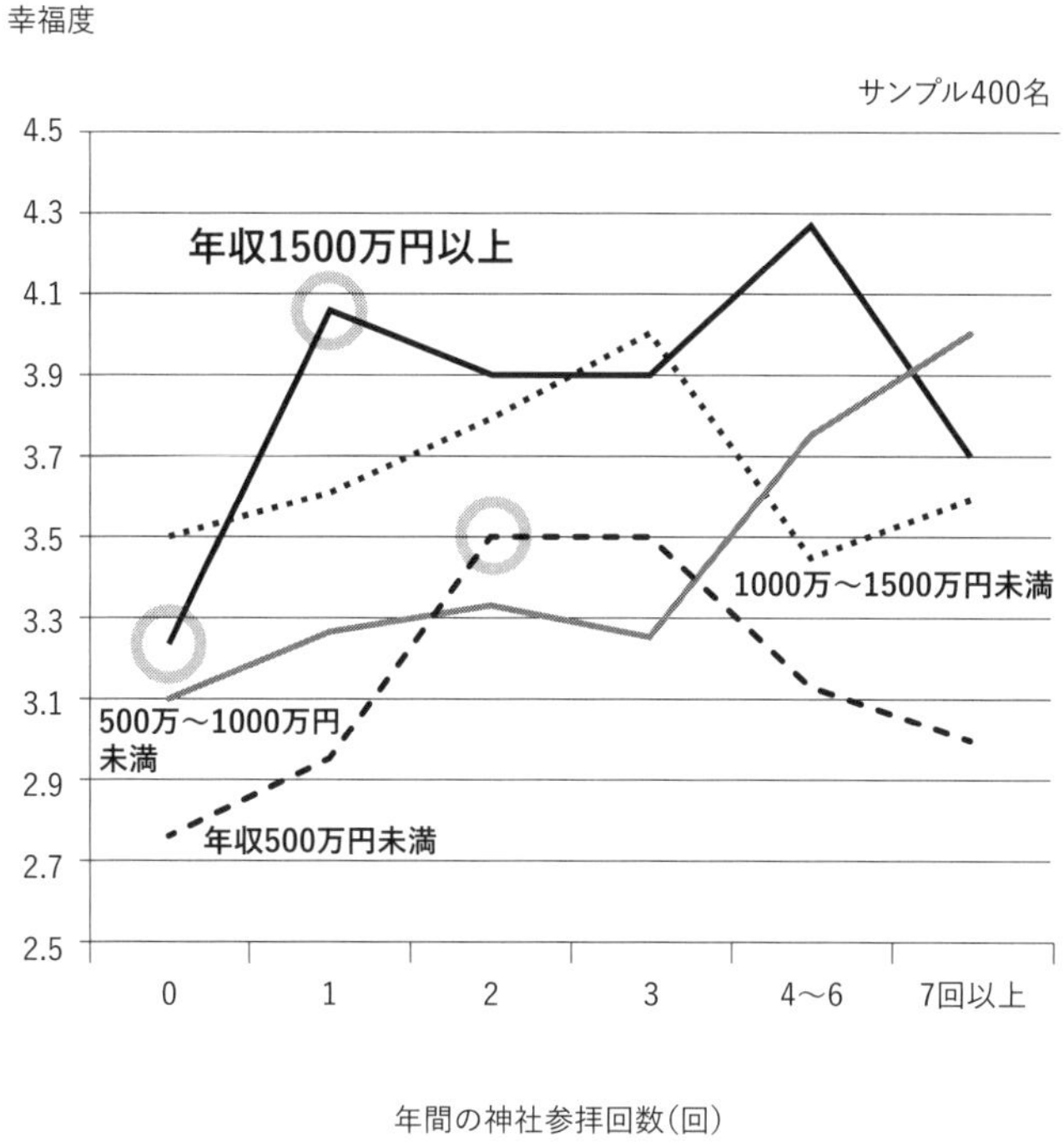

出所：著者が楽天リサーチに依頼しておこなったアンケート調査（2015年8月21日）

特に年収が億を超えると、社寺参拝は必須でしょう。

社寺参拝をしないのであれば、同じような効果がある他の手段を取るかです。


成功者やお金持ちと一般的に思われる人たちは、なぜ幸福度が高くないのか？

この原因を知ると、神仏に祈る意味も見えてきます。神仏に抵抗がある人でしたら、別の手段も見えてきます。

お金持ちが意外に不幸な理由

お金持ちが意外に不幸な理由を一言で言うと「**人間不信**」です。

人を信じられない状況で、たくさんお金を持っている、というのはなかなか怖い状況です。みな自分のお金が目当てで付き合っているのではないか？　スキあらば人はみな自分のお金を奪いにくるのではないか？

安心とは程遠い、ストレスで過度に緊張する毎日を送ることになります。

逆に言えば、人を信頼できる状態であれば、お金持ちでも幸せと言えます。

だから**社寺参拝などで、人への一般的信頼や互恵性・利他性が十分に育っていると、お金持ちになっても幸福度を高く維持できる**のです。

お金のはたらきと、幸不幸の関係を整理させてください。

ちまたでよく言われる「**お金で幸せは買えない**」**は真実**です。同時に、この言葉を言う人が忘れがちなのは「**お金でだいたいの不幸は避けられる**」**という真実**です。

米国の臨床心理学者フレデリック・ハーズバーグは、人の仕事に対する欲求は２種類あることを発見しました。人の欲求には「不満を減らしたい欲求」と「満足を得たい欲求」の２種類あり、両者は欲求の満たし方の方向性が全く異なります。

つまり「**不幸を減らす方法**」**と**「**幸せを得る方法**」**は、全く異なるのです。**

給料や休暇日数、労働時間など、仕事環境を改善することは、不満や不幸を減らすことにつながります。一方、満足や幸せは、「能力を発揮《はっき》する」「感謝される」など、仕事内容から得ます。**「不満・不幸の減少」は肉体的・物理的な条件次第ですが、「満足・幸せの獲得」は精神的なやりがい次第と言えるでしょう。**

お金が足りない、休みが足りない、食べ物が足りないなど、不足は不幸を招きます。この不足を解消すると、不幸もなくなります。

ただ、健康に生きるために必要な分を満たすと、それ以上、収入や休みを増やしても不幸は減らず、幸せにもなりません。人が幸せを感じるのは、誰かに役立つことで自分自身の成長を実感したり、人と温かな感情のやりとりをしたりする時です。

すでに申し上げたように、人への信頼や、誰かのために行動する性質には、社寺参拝や社寺の存在がある程度の役割を果たします。**人のいい面を知り、人と信頼に基《もと》づく協力関係を結ぶ仕組みが神仏を祭る社寺です**。お金で買えない幸せは、道徳的な善の世界に、祈りや優しさとして存在すると言えます。

神仏参拝は「聖なるオフサイトミーティング」

もちろん社寺以外にも、同様の信頼・協力関係を結ぶ仕組みはあります。パナソニックは会社の中に神社を建てましたが、同じ大手総合電機メーカーの日立製作所では、「パンポン」なる卓球と軟式テニスを足して2で割ったような独自のスポーツが１００年以上前に誕生し、社内コミュニケーションの活性化を促してきました。

１９２１年頃、日立の工場では、休み時間にキャッチボールがよくおこなわれていましたが、暴投により窓ガラスが割れるからと禁止になりました。代わりに自然発生的に生まれたのが、ネットを挟んで、軟式テニスのゴムボールを木製のラケットで打ち合う遊び。１９２９年当時の工場長の奨励《しょうれい》で、ルールと競技名「パンポン」が定められて盛んになり、今では工場の外でも日立市内を中心に親しまれています。

プレイ歴32年以上で「ミスターパンポン」の異名《いみょう》を持つ日立の加藤康広さんは「パン

ポンを通じて、多くの人たちと知り合うことができたので、仕事を効率的に進めやすい職場環境が作れていると感じます。また、チーム対抗戦など、職位に関係なく従業員同士の会話が自然と多く生まれやすく、チームビルディングにも役立っていると思いますね」と話します（日立のオウンドメディア「社会イノベーション」２０２３年3月22日の記事より）。

この日立独自のスポーツ「パンポン」も、人のいい面を知り、人と信頼に基づく協力関係を結ぶ仕組みと捉えることが可能です。

もちろん日立の社員でも日立市民でもない方に、パンポンのプレイをおすすめするつもりはないし、パナソニックの社員でもない方に、パナソニック社内の神社参拝をおすすめするつもりもありません。

こうした企業独自のスポーツ実施も、**企業独自の神社・神棚参拝も、私はオフサイトミーティングの一種と捉えています**。オフサイトミーティングは、職場や現場から離れた場所で従業員同士がミーティングすることです。新しいアイデアを生み出す時や、チームの連携を強化する時などに実施されます。

※オフサイトミーティングは欧米企業で始まった取り組みですが、日本語のカタカナ表記「オフサイトミーティング」は株式会社スコラ・コンサルトにより商標登録され、「気楽にまじめな話をする」と再定義されています。

神仏にアレルギーがある人も、社寺参拝をオフサイトミーティングの一種と捉えたら、少しは抵抗感がおさまるのではないでしょうか。実際に顔を合わせるわけではありませんが、社寺を「地域住民や日本国住民のオフサイトミーティングを仲介する場」と考えるのです。

先に申し上げたように、社寺の効果に、地域住民のいい部分を知り、地域愛が高まるということがあります。社寺に参拝して神仏に祈っても、見知らぬ人々の人柄を知る機会はまずないので、不思議な現象です。しかし、もし社寺参拝が地域住民のオフサイトミーティングのようなものだとしたら、多くの地域住民を知り、好意的になるのも自然なことです。

社寺といえば、「縁結び」でも人気です。実際、その効果だけ見ると、**社寺は恋愛や**

結婚に限らない縁結びの場です。神仏は人々のよき出会いをサポートする「仲介人」のような存在とも言えるでしょう。

「経営の神様」と呼ばれたあの人は何を祈ったのか？

「経営の神様」と呼ばれる松下幸之助氏（パナソニックグループ創業者）と稲盛和夫氏（京セラ・ＫＤＤＩ創業者）。経営史に名を残すビジネスパーソン達はいったい何を祈ったのでしょうか？

「おい、神様に祈ったか？」

稲盛和夫氏の著書『働き方』（三笠書房）に出てくる稲盛氏の声かけです。まだ創業10年も経たない京セラにＩＢＭから大量受注があった時のことです。ＩＢＭの要求水準は当時の京セラの技術水準を大きく上回り、いくら試作品を納めても品質検査で「不良品」と判定され、返品され続けました。

そんなある晩、職場で呆然《ぼうぜん》と立ち尽くし、万策尽きたといった風情《ふぜい》で泣く技術者に対し、稲盛氏は思わず「おい、神様に祈ったか?」と声をかけたのです。

稲盛氏の真意は、「人事を尽くし、後はもう神に祈り、天命を待つしか方法はないと言えるほど、すべての力を出し切ったのか。自分の身体が空っぽになるくらい、製品に自分の『思い』を込め、誰にも負けない努力を重ねたのか」（同書より引用）ということでした。

その技術者は、稲盛氏の言葉で再び気持ちを奮《ふる》い起こして開発に取り組み、ＩＢＭから「合格通知」を受ける製品を完成させました。

このエピソードから、**稲盛氏にとって神仏への祈りは、前述のＧＲＩＴ（グリット）、すなわち「やり抜く力」を付けるため**と推測します。人事を尽くしきる力です。

のちに僧侶になるほど仏教に傾倒《けいとう》した稲盛氏ですが、神社参拝にもこだわりがあり、京セラ第2代社長である青山政次《まさじ》氏の著書『心の京セラ二十年』（非売品）によると、初詣は京都の車折《くるまざき》神社、八坂《やさか》神社、伏見《ふしみ》稲荷大社《たいしゃ》に連続して参拝されたようです。

特に車折神社は、当時の稲盛氏の自宅近くにあり、創業して最初のお正月に「一番にお参りしたい」と、元旦午前0時前に稲盛夫妻と青山夫妻の4人が集まりました。そして時計が0時を指した瞬間、稲盛氏と青山氏は2人一緒に鈴を鳴らして拍手《かしわで》を打ち、京セラの発展を祈願《きがん》したと伝えられています。

稲盛氏は何事も一番が好きで、初詣も一番にお参りして、「自分は力の限り努力しますが、神様もお助けください」と、神様の加護《かご》を願ったそうです。

神仏参拝でおそらく一定の人が「引っかかる」「疑問に思う」のは、次の点ではないでしょうか。

- 祈ったら得するのか？
- 祈らなかったら損するのか？

この点について、松下幸之助氏の著書『ＰＨＰのことば』（ＰＨＰ研究所）には、「**特別にお祈りをしたからといって、とくにその人だけに恵みが多く与えられるわけでもなく、またお祈りをしないからといって、恵みが与えられないというわけではないのでありま**す。このように考えるのは、人間の得手《えて》勝手な独断で、天地の恵みは、小さな人間の知恵を超えて、すべての人に平等に、さんさんとして降りそそいでいるのであります」と記されています。

では、いったい何のために祈るのか？

松下氏が別邸の真々庵《しんしんあん》を訪れた時に必ずしたことは、根源社《こんげんのやしろ》という社に向かって「今日1日、素直であれますように」とお祈りし、そして「今日1日、素直であったかどうか」を反省することでした。

稲盛和夫氏は「力の限り努力すること」を祈りました。

松下幸之助氏は「素直であること」を祈りました。

自身の「あり方」「あるべき姿」を神様に誓い続けるのが、経営の神様と言われたビジネスパーソンに共通の「祈り」です。

これを読んだあなたは、どうありたいですか？

ご自身のありたい姿を、神仏にお祈りしてみてください。

第2章

強運体質になる「祈る」習慣

売れない営業がナンバーワン営業に激変した神社参拝術

「私、神社参拝で人生が変わりました！」

ある営業をされている女性に言われたことです。
いったいどういうことかとお尋ねすると、その方は教育系の営業で、元々、営業成績はパッとしなかったそうです。それが、あることをして、ナンバーワン営業に変身したと言います。

平凡な営業パーソンが、スーパー営業パーソンに変わる。いったいどんな魔法を使ったのでしょうか？

その魔法が

「営業で訪問する前に、担当エリアの神社に参拝する」

でした。

日本国内には神道系の神社が８万６２４社あります（文化庁編『宗教年鑑』令和５年版）。コンビニの数が日本全国で５万６７５９店（２０２３年１月時点／日本ソフト販売株式会社調査）ですから、神社はコンビニよりも多くあります。これだけたくさんの神社があれば担当エリアに１社以上あることでしょう。

さて、「営業で訪問する前に、担当エリアの神社に参拝する」ことが、なぜ効果的なのか、もう理屈はお分かりですよね。

担当エリアの神社に参拝する
←
担当エリアに住む人々のいい部分を知る
←
担当エリアの人々を愛する

←担当エリアの人々に貢献したい意欲が増す
←担当エリアの人々に好かれ・高く評価され、営業成績が上がる

この営業パーソンは、担当エリアへの地域愛が増したことで、潜在顧客に対し、より誠実に、そして一生懸命やり抜いた結果、ナンバーワン営業になったのでしょう。参拝し続ける中で、自己コントロール能力が増し、GRIT（やり抜く力）が向上したと思われます。

また、誠実に一生懸命やり抜く基盤として、人への信頼や、人のために動き（利他性）、そして与え合う性質（互恵性）を発揮したと考えられます。

要するに、**担当エリアの神社に参拝し続けたことで、担当エリアの人たちのために「愛を持ってやり抜く力」が育まれた**のです。

きれいごとに聞こえるかもしれません。営業成績を上げることは自己都合、つまりただのエゴだとも言えるからです。政治家が当選のためにがんばって選挙活動をするのと同じようなことです。

ただ私自身、地域活動をした時に思ったことですが、毎日のように汗をかいている姿を見せると、人の心は動くものです。「がんばっているな」「一生懸命だな」という姿勢が伝わると、営業や選挙などのエゴも受け入れてくれる印象があります。

同じ営業をされても、その中で好意や信頼、貢献意欲を感じた営業の人からの話は、ちょっと聞いてみようかとなるのは自然なことではないでしょうか。

「返報性の原理」と呼ばれる心理法則があります。他人に何かしてもらえたらお返しをしなくてはいけないと感じる心理で、ロバート・B・チャルディーニの著書『影響力の武器』（誠信書房）でも紹介されています。誰かに好意や信頼を寄せられたら、自分もその人に好意や信頼を返したくなるものです。

このように神仏参拝には、好意や信頼でつながるご縁をつくる働きがあります。

「返報性の原理」と異なるところは、誰かに意図的に恩を売り、「貸し」をつくる必要はないこと。

返報性の原理を使う場合、いずれ恩を返してもらう、貸しを返してもらうために、意図して誰かに何かを与えます。一方、神仏参拝の場合、ただ参拝するだけ。先の営業前の参拝も、自身の精神状態を整えているだけでしかありません。

初めての土地では、人の前にまず神仏とつながる

「この地域の人と仕事をしたい」「いい関係を築きたい」と思うならば、まず最初に地域に根付いた神仏とのご縁を結ぶところから始めるビジネスパーソンもいます。

神社もお寺も、存在するだけで人々の地域愛が増す地域に密着した存在。そんな社寺に参拝していると、こんなことが起こります。

「初めて沖縄で初詣をしたら沖縄から仕事がきた」
「たまに参拝する神社の近くに大口のスポンサーがいた」
「初めて商売する土地では、まず最初に地元の神社に挨拶すると、あとがスムーズ」

地域の神仏は、まるで地域の有力者のごとき存在です。

日本の神様とは「自然」と「ご先祖さま」でしたが、「ご先祖さま」はいわば地域の長老中の長老で、有力ＯＢのような存在と捉えてください。

人脈をつくりたい場所では、その前に、まずその場所で神脈・仏脈をつくるのです。

地域の神社、地域のお寺、地域のお地蔵さんなど、手を合わせられるところで祈るとよいでしょう。はじめての場所なので「どこそこ（場所）からきた△△□□（氏名）と申します。今後ここで仕事をしていきたいと思います。どうぞよろしくお願いいたします」など、はじめましての挨拶をされると適切です。

仕事の場合だけではありません。

例えば**引越しの時は、近所のみなさまに挨拶するより先に、近所の神仏に参拝をすると、その後の新生活がより順調に進みます**。それこそ引越し先を決める段階で、地域の雰囲気を知るためにも、その地域の社寺に参拝されることをおすすめします。

平安時代、現代の知事にあたる国司は、任命先の国に赴任《ふにん》したら、まずその国の神社に参拝しました。国司が最初に参拝した神社を一宮《いちのみや》と言います。

新しい場所で、新しい人とお付き合いする時は、まず新しい場所の神仏に挨拶することから始める。それが日本古来の知恵です。

神仏に目標を宣言し、改善アドバイスをもらう祈り方

「依存しているようで神社参拝を避けていたのですが、八木さんの話を聞いて、そうじゃないと知りました。自分のやるべきことが整理されていいですね」

ある金融系のビジネスパーソンに言われたことです。この方は元々「依存的にすがっ

てお願いしている」印象を神社参拝に抱《いだ》いて敬遠されていました。しかし、成功しているビジネスパーソンは、もっと主体的な姿勢で参拝されていると知り、ご自身も参拝されるようになったのです。

その方は拙著を読んで、**ご自身の目標を神様に宣言されるようになりました。**「今月はこういうことをしていきます」といったことですね。

神様の前で手を合わせ、心の中で目標を伝えるのですが、その時たまに「違和感」を感じることがあるようです。目標を伝えると、しっくりこない感覚になる時があるのだとか。そんな時は、目標を変える。そして変更した内容をまた伝えて、手を合わせながら、しっくりくるまで、目標を調整します。こうした方法で、この方はご自身の心が整理される効果を実感されたのです。

この**目標を宣言した時の違和感の有無《うむ》が、神仏からの改善アドバイスです。違和感があれば「その目標は違う」という指摘であり、何も違和感がなければ「それでいいよ」という後押し**です。これは私の個人的な感覚ですが、手を合わせながらの方が違和感の有無を感じ取りやすいです。

神仏に目標を宣言する事例として、おひとり著名人を紹介します。お笑いタレントで絵本作家の西野亮廣《あきひろ》さんです。

毎朝神社に参拝するという西野さんは、その様子を、次のようにブログにつづっておられます。『革命のファンファーレ』とは西野さんが幻冬舎より出版したビジネス書で、25万部のベストセラーです。以下、引用します。

ちなみに僕は毎朝神社に通っている。賽銭《さいせん》を投げて、手を合わせて、頭の中でブツブツ言っているのは、「『革命のファンファーレ』がたくさんの人に届きますように」という**『お願い』ではなく、『革命のファンファーレ』は、こうで、こうで、こうすれば、たくさんの人に届きます」という『プレゼン』だ。**日課でプレゼンをしているので、必要ない文章は削《けず》られていくし、必要ある文章は膨《ふく》らむ。いつ、誰に、何を質問されても、「これは、こうで、こうで、こうですよ」と、寄り道することなく説明できる状態でいる。

（２０１７年10月10日「キングコング西野　公式ブログ」より）

西野さん流の祈るポイントは「お願い」ではなく「プレゼン」だという点でしょう。また**祈るほどプレゼンの中身と説明力が改善するのもポイント**です。

プレゼンが改善する理由として、西野さんは、どれだけ忙しくても毎朝必ず神社にお参りに行くことを挙げています。たまにしか行かなかった時は、「お願い事」ばかりでしたが、毎日通うことが当たり前になると現状報告（プレゼン）とお礼が中心に変化したそうです。結果、プレゼンはどんどんブラッシュアップされました。

西野さんが考える神社参拝のメリットも、頭の中が整理されること。毎朝参拝することで、実現したいことについて考える時間が物理的に増えたからです。

「頭の中が整理される」のは、前述の金融系ビジネスパーソンが感じられたメリットと同じですね。質のいいアイデアを生み出す「考えるツール」として、神社を大いに活用されている事例でした。

強運を呼ぶ「いのり」は、意を宣(の)り、威(い)に乗る

「成功したビジネスパーソンの祈り方に共通点があるのでは？」

ここまで読まれて、そうお感じになられた方もいるのでは？

私も様々な著名人の祈り方を聞いて、共通点が見えてきました。

もちろん「教祖・教典・教義」のない神道ですから、決まりも答えもありませんが、私なりの分析結果をお伝えします。

まず結論を申し上げると、**強運を呼ぶ祈り方は2パターンあり、ひとつは自身の意志を神様に宣言すること、もうひとつは神様の意志にそうことです。**

なぜこの2パターンなのか？「祈る」という言葉を分解すると、その理由が明確に

なります。

「祈り」は「い」「の」「り」の３文字です。

漢字にすると、祈りは「意（い）宣（の）り」で「威（い）乗（の）り」。

「い」という字は、古くより神聖なもの・大事なものに付けられ、不吉なものを避け、吉事《きちじ》を招くことをあらわします。神聖な「い」を「のる」、もしくは「い」に「のる」のですが、では「のる」とは何でしょうか？

「のる」には、「宣る」と「乗る」があります。

「宣る」は宣言すること。

意「を」宣る「意宣（いの）り」は神様に自分の意志を宣言することです。自分自身の決意や覚悟を、神様に誓い約束します。

神社での目標宣言や毎朝プレゼンは、まさにこの「意宣り」で、自力《じりき》を高めます。

京都市左京区八瀬《やせ》の九頭竜大社《くずりゅうたいしゃ》に50年以上も毎月参拝し続けるニデック（旧・日本電

産）の創業者・永守重信《ながもりしげのぶ》氏は九頭竜大社で、「『**日本電産の業績を良くしてほしい**』**といった お願い事は一切しない。神前に立ち、心を静め、ただその時々の決意を述べることにしている**」（「年の初めに自戒を込めて〈永守重信の経営者ブログ〉」『日本経済新聞 電子版』２０１１年1月12日）とのこと。ご自身の素直な意をただ神様にお伝えするのです。

一方、「乗る」は、波に乗るというように、その時の流れにうまく合うこと。威「に」乗る「威乗（いの）り」は神様の力に乗ることです。自然の流れに乗る、世の流れに乗る、伝統の流れに乗る、いい意味で調子に乗るなど、人々や自然によりつくり出された風潮や時勢にぴったり合う様子を指します。要するに他力《たりき》に乗るのです。

日本の神様は「命（みこと）」を持つ存在だったことを思い出してください。つまり、**「威に乗る」とは神様の使命にそう**（**沿う・添う**）**こと**を意味します。

日本の神様は、自然＋ご先祖さまでした。

自然の神様の使命は、自然のはたらきそのものです。自然は我々に恵みも害ももたらします。そんな自然のはたらきに沿って我々は生きてきました。

一方、神様としてのご先祖さまの使命は、ご先祖さまを含む私たちがつくっています。**人々は神様に様々なことを祈り願いますが、ご先祖さまから現代にまで続く思いが、神様の使命になります。**洪水に悩むまちに住む人々が、水害がおさまって欲しいと神様に願い、水害がおさまってよかったと神様に感謝し、そんな大昔から続く人々の思いが「神様の使命」として神社に集約され、参拝した人々に伝わります。

神様の威に乗るとは、自然の流れに沿い、ご先祖さまや今を生きる人たちの思いにより添うこと。自然の威や人々の威にただ素直に乗るのです。

自分の「意を」宣ること。自然や人々の「威に」乗ること。

「意を宣る」は主体的・能動的ですから、自力を出す力を高めます。
「威に乗る」は依存的・受動的ですから、他力に頼る力を高めます。

車の両輪のごとく、どちらの「祈り」も強運を呼ぶのに大切です。

定期的・継続的な参拝で「自己コントロール力」が身に付く

成功したビジネスパーソンの祈り方には、さらなる共通点があります。
それが定期的かつ継続的な社寺参拝です。ここまで挙げた著名人の事例でも、単に参拝するだけでなく、定期的かつ継続的に参拝されています。

【著名人の事例】
●真々庵を訪れると必ず根源社にお祈り（松下幸之助氏）
●創業以来、元旦午前0時に車折神社へ初詣（稲盛和夫氏）
●毎朝神社に参拝（西野亮廣氏）
●50年以上毎月欠かさず九頭竜大社に参拝（永守重信氏）

稲盛氏が始めた「元旦午前0時の初詣」は現在も京セラの年中行事で、会長・社長をはじめ有志の社員が参加して、車折神社に参拝されています。

著名人だけでなく、こうした事例は、私の周りでも耳にします。

「毎月1日に必ず神社参拝をするようになってから、大きく変わりました！」

ある営業パーソンの報告ですが、営業の技術に磨《みが》きをかけられて、今では年商5億円を超える会社を経営されています。

この**毎月1日の参拝は「おついたち参り」といって、多忙なビジネスパーソンでもひそかに習慣にしている方達がいます。**

なぜ1日なのでしょう？

多くの神社では「月次祭（つきなみさい）」といって、毎月1日と15日に、安泰や繁栄などを願う月ごとのお祭りを実施しています。特に1日は、無事に過ごせた先月への感謝と、新しい月の無事を祈るのに、ちょうどいい区切りの日です。

ちなみに古代から中世におこなわれた元々の月次祭は、大臣以下が参加する国家祭祀で、年に2回、陰暦の6月と12月の11日におこなわれました。伊勢神宮をはじめとする朝廷に選ばれた主要な神社が国家安泰と天皇の長寿を祈ったとされます。

「だったら、1日じゃなくても11日でも15日でもいいんじゃないか？」と思われる方がいたら、それでもいいと思います。月末に参拝する方もいます。

大事なポイントは日にちよりも定期的かつ継続的な参拝です。

第1章で、業績が上がり健康な人は誠実性（勤勉性）があり、自己コントロール能力が高いこと。社寺参拝には自己コントロール能力を高める何かがあるとお伝えしました。定期的かつ継続的な参拝には、ある程度の自己コントロール能力が必要で、この能力を向上させる訓練の場にもなります。真のポイントはこの自己コントロール能力向上にあるので、日にちは1日でも他の日でも、いつでもよいのです。

ただ、一度始めたら、長く継続させてください。やめてもバチは当たりませんが、筋トレのようなもので、トレーニングをやめたらすぐ能力も落ちます。

大成功者に学べ！　神様と私たちは「お互いに与え合う」

「神は人の敬《うやま》ひに依《よ》りて威を増し、人は神の徳に依りて運を添《そ》ふ」

武士の政権で最初の法律「御成敗式目《ごせいばいしきもく》」の第１条です。鎌倉幕府が制定した**武家政権の憲法で最初に書かれたのが「神様を敬う精神」でした。**

「力こそ正義」のような武士ですが、武士の政権「鎌倉幕府」をつくった初代将軍・源頼朝《みなもとのよりとも》公は神仏への崇敬《すうけい》の念が深く、その影響のようです。

頼朝公は、戦争に負けて罪人に落とされたどん底から、日本の天下人に上《のぼ》り詰《つ》めた大成功者。その頼朝公の神仏への祈り方は、参考になるでしょう。

冒頭の文は、**神様は我々が敬うほどに力を増し、強力になった神様のはたらきで、我々の運もよくなること。神様と我々はお互いに与え合う「互恵関係」にあるという頼朝公の気づきです。**だから、神社を修理し、お供え物をして、お祭りを盛んにすることはとても大切で、そうすることで人々もより幸せになると、御成敗式目の第1条に記されています。

そして第2条は「寺社異なるといへども崇敬これ同じ」と記されています。お寺と神社は違うものですが、同じように敬いましょうということです。

なぜ敬うのでしょうか?

神様を敬う動作は、「頭を下げる」ことであらわします。

尊敬していない相手に対して、人は教えを自ら受けることはありません。特に嫌いな相手や軽く見ている相手の発言や行動を肯定《こうてい》したり賞賛したりすることは難しいでしょう。むしろ反射的に否定や批判することが多いと思われます。

つまり**敬っていない相手から人は何かを受け取れない**のです。

物品や金銭など形あるものなら受け取ることはできるでしょう。しかし愛情や知恵、親切など形のない精神的なものを受け取ることはできません。正確には、受け取る気にならないわけです。

そして、神様は実体のない精神的な何かの究極です。神様の愛や知恵や命（みこと）を受け取るには、その神様に対する敬意は必須と言えます。

敬意を持つからこそ、素直に神様に意（い）を宣（の）ることができます。

敬意を持つからこそ、素直に神様の威（い）に乗（の）ることができます。

素直な意宣りは、自分に対する本気の誓い・約束です。

本気の誓約だからこそ、自力で「やり抜く力」になります。

素直な威乗りは、自然や人々への本気の信頼です。

本気の信頼だからこそ、他力を「受け取る力」になります。

年齢を重ねたり、ある程度成功して立場ができたりすると、人はやり抜く素直さも、受け取る素直さもなくしがちです。成功したビジネスパーソンにとっても悩み所で、再びニデック創業者である永守氏のお言葉を借りると、「経営者の大敵は、驕《おご》りや慢心《まんしん》。

周囲から指摘してもらうのではなく、自らを律《りっ》し、戒《いまし》めるしかない。**月一度早朝からの参拝は、神様が必ず見ていると心得《こころえ》る大事な時間だ**」（「年の初めに自戒を込めて〈永守重信氏の経営者ブログ〉」『日本経済新聞 電子版』２０１１年1月12日）。

大きな組織のトップになると、他力に頼りにくくなります。そんな足りない他力の部分に、神様は頼れる存在です。

仕事運が上昇する！　仕事始めの「みんなで昇殿参拝」

「多くの企業が仕事始めとなった4日、東京都千代田《ちよだ》区の神田明神《かんだみょうじん》では、大勢の会社員らが参拝に訪れ、商売繁盛《はんじょう》などを祈願した」（『毎日新聞』２０２4年1月4日）

神田神社（通称・神田明神）は東京のビジネス街である大手町《おおてまち》や丸の内から近く、例年1月中に1万社程度の企業から参拝予約があるとのこと。予約した企業は、昇殿参拝をします（参考：秋野淳一「神田神社の仕事始め参拝―企業と神社に関する一考察―」國學院《こくがくいん》大學研究開発推進センター研究紀要14号、２０２０年）。

昇殿参拝とは、建物の中で神職さんが執《と》りおこなう御祈祷《ごきとう》を受けること。巫女《みこ》さんらによる舞楽《ぶがく》が奏上《そうじょう》されることもあります。正式参拝や特別参拝、御祈祷などとも言われ、神社により名称は違いますが、内容は基本的に同じです。より奥の敷地に入って御祈祷を受ける御垣内参拝（みかきうちさんぱい）と呼ばれる形式もあります。

おさいせん箱にお金を入れる形式の参拝と異なり有料で、ひとり数千円以上をおさめるのが一般的です。

昇殿参拝（正式参拝、特別参拝、御祈祷）は神職による奉仕付きで、一般の参拝客とは離れて特別な空間でおこなわれる、いわば「本気の本気」の参拝です。

そんな「本気の本気」の参拝を仕事始めにおこなう企業が、1月の神田神社だけで例年1万社ほどあるのです。

昇殿参拝、いったい何がすごいのでしょうか？

私の周りにも昇殿参拝好きの方がいて、体験するようになったら、一気に仕事面での運気が上がり、収入も大きく伸びたようです。

昇殿参拝（正式参拝、特別参拝、御祈祷）は、神職さんがご神事を執りおこなうことで、通常の参拝と比べて特に次の違いがあります。

【昇殿参拝のここがすごい！】

- 神職さんが神様を降ろす
- 神職さんが祈願を代行する
- 玉串《たまぐし》を奉納する
- 神様のお下がりをいただく
- より近くで祈願できる

神様を降ろす儀式を本職の方がやります。通常の参拝では特に何もやりません。専門の方が専門の方法でやれば、きっと何かが違うはずです。

神職さんが参拝客の代わりにお願い事を代行して伝えてくれます。神職さんにより

「住所、氏名、祈願内容」が奏上されます。同じく専門の方が専門の方法でやれば、きっと何かが違うはずです。

儀式の終盤、参拝者あるいは参拝者の代表が「玉串」と呼ばれる榊《さかき》の枝をご神前に捧《ささ》げます。玉串におのれの祈願を込め、心を玉串に託して神様に届けます。一連の行為は神様への敬意をあらわし、神威を受け取ることを意味します。御成敗式目の「神は人の敬に依りて威を増し、人は神の徳に依りて運を添ふ」の、まさに実践です。

一連の儀式が終わると、参拝者に「お下がり」が提供されます。「お下がり」とは、神様に供えた飲食物などを下げたもの。これをいただきます。お神酒《みき》が提供されることもあります。**神様にお供えした飲食をいただくことで、神威をより受け取れると考えられています。**

このように「意宣り」と「威乗り」が通常の参拝より強化されています。

代行祈願と玉串奉納で敬って「意を」宣る
←
お下がりをいただくことで「威に」乗る

大鳥居《おおとりい》信史《のぶふみ》氏（神田神社名誉宮司）によると、「企業内神社を持つ企業はもともとありましたが、正月や創業日などに神社で社業参拝を行う企業が特に多くなったのは二十年ほど前からのことです」とのこと（別冊宝島２０８２号『日本の神様のすべて』２０１３年刊行）。

２０１３年の「二十年ほど前」となると１９９３年頃です。バブル崩壊まもなくの平成４〜５年（１９９２〜１９９３年）頃から神田神社での仕事始め参拝が普及し始めたのでしょう。不況によって多くのビジネスパーソンが挫折《ざせつ》したことで、神社に注目する人が増えたと思われます。

ここでは神田神社に注目してご紹介しましたが、神田神社に限らず、仕事始めに同じ組織の人たちと一緒に社寺参拝されることをおすすめいたします。

なお昇殿参拝（正式参拝、特別参拝、御祈祷）を実施しているのは、主に神職さんが常駐している神社です。どこの神社でもやっているわけではないので、通常参拝をするなどして、事前に情報をご確認ください。

挫折した時、神仏と出会い成長する

「なぜか神社の鳥居が目についたんです。それまで全く気にならなかったのに」

あるＮＰＯの主催で、神田神社に団体参拝後、ワークショップをした際に、「どうしてよく神社に参拝するようになったのか？」を参加者で共有する時間がありました。

参加者は仕事終わりでスーツ姿のビジネスパーソンが多く、私はゲストとして講演後、ファシリテーターのひとりとしてテーブルに加わりました。

神社によく参拝されるようになったきっかけをみなさんに伺うと、「挫折」というキーワードが浮かび上がりました。

ある男性は「神社によく行くようになったのは、仕事で通用しないことがあってから。それまではたいていの仕事を自分はできると思っていたのですが、詳細は省《はぶ》きますが、全くどうしていいか分からないことがあって。そうしたら、なぜか神社の鳥居が目について気になったんです。それまで全く気にならなかったのに」。

この話が出ると、他の方も病《やまい》がきっかけでお寺に参拝するようになったなど、各人の挫折体験が語られました。神仏参拝をするきっかけのひとつに挫折があるようです。

私の神社本をお読みの方ならば耳にタコができる話ですが、日本の神様のご利益は、神様の失敗したことが多いです。例えば、神話で戦いにボロ負けした神様が「最強の軍神」として戦勝祈願の神様になったり、縁結びの女神《めがみ》様が結婚を拒否されたりなど。

一見不思議に思えることですが、仕事をする動機が「私が苦しんだことで苦しむ人を助けたい」ということは少なくありません。家族や自身の病がきっかけで医者や看護師、薬剤師を目指したなど。**「苦しんだあの時の自分のような人のためになりたい」と仕事**

をする人は、まさに「日本の神様」と同じなのです。

ただ、挫折をしたらみんな神様のようになる、とまでは言えません。神様のように成長する人もいれば、成長しない人もいます。その違いは何でしょうか？

結論を申し上げると、「**ありのままに受容すること**」が、**挫折を成功につなげる最大のポイント**。そして**神仏参拝は、「ありのままに受容すること」をサポートします**。

挫折すると、人は「こんなはずじゃない」と認識の矛盾《むじゅん》に苦しみます。先の男性の例で言えば、「大抵の仕事はできる」という認識と「仕事で通用しない」という認識の矛盾です。この認識の矛盾が心に存在すると発生する不快感やストレスを、心理学用語で「認知的不協和」と言います。

認知的不協和が発生すると、人には２つの選択肢が生まれます。

ひとつめの選択肢は、ありのままに現実を受容することです。挫折や失敗、不幸な出来事など、ネガティブな経験をした人が「ありのままに受容する」と、精神的に成長します（参考：渡邊ひとみ「青年期のアイデンティティ発達とネガティブ及びポジティブ経験に見出す肯定的意味」心理学研究91（2）、2020年）。

ふたつめの選択肢は、自分の正当化です。

例えば自信がある仕事に失敗した場合、上司の指示が悪かった、顧客が無茶な要求をした、部下がミスをしたなど、自分を正当化し、他に責任を転嫁《てんか》して認識の矛盾を解消します。

左ページの図では恋愛の例で示しましたが、自己正当化がエスカレートすると、誰かが裏で自分を妨害《ぼうがい》しているなど、ありもしない妄想《もうそう》に走ります。

認知的不協和が生じると、人はこのように自分を正当化して矛盾を解消する傾向があると、社会学や社会心理学の研究で確認されています。

私の過去の著書『しくじりをした人は、なぜ神社に行くと大成功するのか？』（サンマ

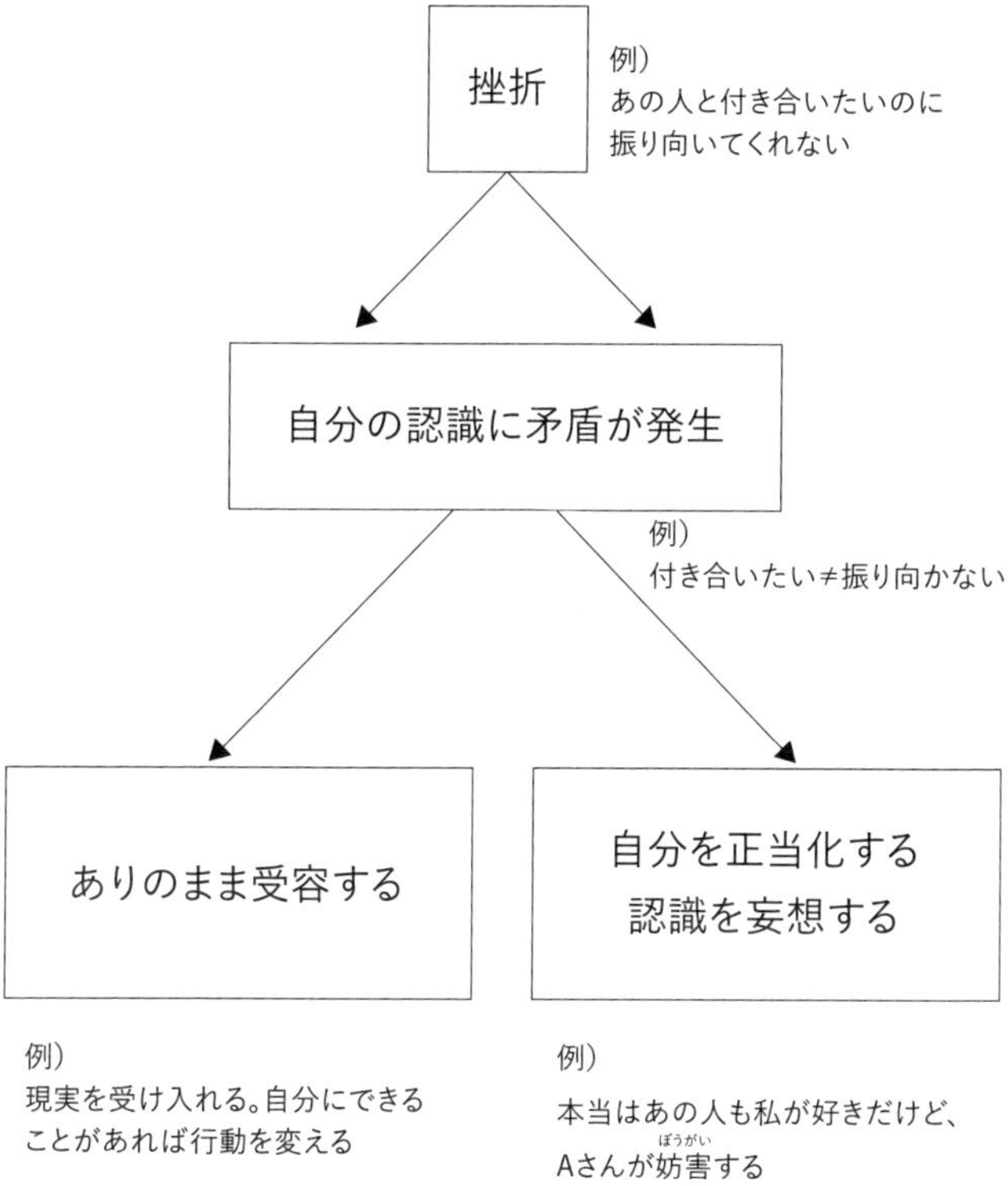
挫折
例）
あの人と付き合いたいのに
振り向いてくれない
自分の認識に矛盾が発生
例）
付き合いたい≠振り向かない
ありのまま受容する
自分を正当化する
認識を妄想する
例）
現実を受け入れる。自分にできる
ことがあれば行動を変える
例）
本当はあの人も私が好きだけど、
Aさんが妨害《ぼうがい》する

ーク出版）でくわしく解説しましたが、この「自分の正当化」は、手を洗うと消えます。神社参拝でも手を洗いますが、神道で「禊（みそぎ）」と呼ばれる行為は、水で身を洗い清めて罪ケガレを「祓《はら》う」（取り除く）ことです。

そしてもうひとつ祓われるのが「罪悪感」です。挫折や失敗では、周りに申し訳ない、不甲斐《ふがい》ないなどの気持ちがわきあがることもあります。

このような**「自分の正当化」「罪悪感」などの罪ケガレは、みそぎで祓えます**。挫折してガックリ気落ちすると、心が乱れるのは当然のことです。また過《あやま》ちが発覚したからといって、人間そう素直に謝れません。そんな心の弱い私たちだからこそ、神仏に参拝して、ありのままに受容する強さを身に付けようとするのです。

こまめな「お礼参り」で、調子に乗らず、もっと成功する

「八木さん、肉ってケガレなんですよ」

都内の黒毛和牛のお店で上カルビを焼きながら、知人の神職さんが言いました。

ケガレは「気が枯《か》れること」とよく説明されるので、元気がない状態だと受け取られがちです。なので、元気のない時にこそ神社参拝してパワーをいただこうと考える人達も多いでしょう。挫折して気落ちした時なんて、まさに気が枯れていそうです。

ところが神職さん曰《いわ》く、ケガレは、そんな気落ちした時だけではないと。

「焼肉食べてテンション上がるでしょ？　これもケガレなんですよ」

テンションが下がることも、テンションが上がることも、両方ケガレだと、その神職さんは言うのです。ケガレてない状態はフラットでニュートラル。日本語で表現するならば落ち着いた偏《かたよ》りのない状態です。

神道を一言で言うと「罪ケガレを祓う道」。祓うことで落ち着いた偏りのない状態であることを目指す哲学であり行動学なのでしょう。

したがって、参拝が必要な時は、挫折や失敗などで苦しんでいる時ばかりではありません。**うまくいっている時も、どうぞご参拝ください。**

いいことが起こった時や調子のいい時に参拝するのが「お礼参り」です。

いい時は「問題ない」と思いがちですが、大きく2つの問題点をはらんでいます。

ひとつめは、「調子に乗り過ぎ」問題です。

ふたつめは、私だけうまくいって申し訳ありませんの「罪悪感」問題です。

お礼参りは「感謝を伝える」ためだけではなく、上がり過ぎたテンションを下げ、うまくいった罪悪感を減らします。

何度もお言葉を引用しているニデック創業者の永守氏も「神社で引くおみくじ」をもとに、こんなことを語られています。

毎月引くおみくじも実によくあたる。かつてない好景気に沸《わ》いていた時に引いたおみくじの言葉は「奢《おご》るな」。その後、金融危機で１００年に1度の不況に見舞われた。不況のさなかに毎月のように出たおみくじの言葉は「奇跡」。その言葉通り、日本電産は収益の急回復を果たし、２００９年度の業績予想を4度上方修正し最高益を更新《こうしん》できた。

（「年の初めに自戒を込めて〈永守重信氏の経営者ブログ〉」『日本経済新聞 電子版』２０１１年1月12日）

調子のいい時は思い上がらず身を引き締め、調子の悪い時は前向きに希望を持つ。どちらの時もケガレがたまりやすい時期と言えます。だからこそ、どちらの時も神仏に参拝して心を整えるのが「成功したビジネスパーソンの知恵」です。

お礼参りの御祈祷・祈願は「神恩感謝（しんおんかんしゃ）」です。神恩報賽もしくは神恩奉賽（どちらも「しんおんほうさい」）と表現する神社もあります。

水のみそぎで祓える罪ケガレは、心理学実験で確認できているのは「自分の正当化」と「罪悪感」です。人間うまくいったら自分の手柄《てがら》、失敗したら他人のせいと思いがちです。また逆に「こんな自分が」と罪悪感を持って、うまくいくことを避ける人もいます。成功して周りから排除されることを恐れているのです。

いい調子の時に「お礼参り」して感謝すれば、意識が次のように変換します。

- うまくいったのは自分の手柄 ↓ 喜びの記憶削除 ↓ うまくいった事実だけ残る
- うまくいったら周りから排除 ↓ 恐れの記憶削除 ↓ うまくいった事実だけ残る

罪ケガレの祓いが起こると、過去の記憶に付く感情が消えます。ネガティブな感情だけでなくポジティブな感情も消えます。そうすることで、いい調子の時の浮わついた心も、悪い調子の時の気落ちした心も、どちらも削除されます。

ビジネスの成功という観点に立つと、**ポジティブ思考もネガティブ思考も、偏るとどちらも誤りです**。事実をありのまま見ることを神仏は助けます。

おさいせんの新常識――ケチらない方がいい現実的な理由

おさいせんの金額はいくらがいいと、語呂《ごろ》合わせが色々考えられています。５円は「ご縁」だと、語呂合わせ好きな方に人気です。一方10円は「遠縁《とおえん》」だと敬遠される傾向があります。

語呂合わせに特に根拠はなく、語呂合わせ通りの結果が出ているのかも不明ですが、ひとつの基準として採用される参拝者も多いようですね。

神様を敬う精神を説いた「御成敗式目」の観点で見ると、おさいせんの目的は社寺が存続するためです。

御成敗式目は武士たちにこう説いています。

- 神社を修理してお祭りを盛んにすること
- 僧侶は寺や塔の管理を正しくおこない、建物の修理と日々のおつとめをおろそかにしないこと

ここまでお読みになった方ならば、神社とお寺の存在意義や存在価値をよくご理解いただいたと思います。「こんな場所が日本にあるなんて素晴らしい」とご先祖さまに感謝された方もいるでしょう。神社もお寺も日本の中でコンビニよりもたくさん存在し、地域コミュニティのつながりを支えています。

この神仏に恵まれた状況は「当たり前じゃない」と御成敗式目を読むと思います。

建物を修理し管理し、お祭りを盛んにし、おつとめをおろそかにしない。そうやって多くの人の「敬」の精神で神仏の「威」は保たれています。

おさいせんを出すのは、この素晴らしき神社・お寺の存続や神仏の「威」を支えるためです。出す金額や語呂合わせでご利益が変わるとか、そういうことではありません。

社寺の存続を支える「敬神・敬仏」の意思があるかないか？　これだけです。

要するに「**敬う気持ち**」**が根本**です。多額な寄進《きしん》や語呂合わせも、そこに「敬神・敬仏の気持ち」があるなら、神威を受け取り、神徳（神様の使命）を果たす助けになるでしょう。

そう考えると、語呂合わせの金額は、そこに敬いや社寺存続の気持ちが入るのでしょうか？　正直、敬う気持ちが伴《ともな》いにくいように思います。

特に**おさいせんでよくある「5円」など小銭を出すのは、現代の経済事情において、社寺の存続に役立たないどころか、迷惑になりかねません**。

ゆうちょ銀行では、２０２２年1月17日以降、硬貨の預入《あずけいれ》に、枚数に応じた手数料がかかるようになりました。もちろん他の銀行や信金も同様です。そのため硬貨の取り扱いが多い社寺や駄菓子屋では、経営に影響を大きく及ぼすと課題になっています。場合によっては入金額より手数料の方が多くなるほどです。

ゆうちょ銀行の基準（２０２4年4月1日以降）だと１０１〜５００枚で手数料５５０円です。仮に１０１枚入金すると、次の手数料がかかります。

【硬貨の入金と手数料】
１円１０１枚＝入金１０１円：手数料５５０円　※手数料の方が多い！
５円１０１枚＝入金５０５円：手数料５５０円　※手数料の方が多い！
10円１０１枚＝入金１０１０円：手数料５５０円

硬貨の入金に手数料がかかる現代において、1円や5円のおさいせん使用は控《ひか》えるのが配慮。ケチり過ぎてはダメです。５円（ご縁）、15円（十分なご縁）、45円（始終《しじゅう》ご縁）、１１５円（いいご縁）などが縁起のいい金額とされますが、硬貨の入金手数料がかかる現代では、もう忘れた方がいい情報だと思います。

私は最低50円から。主祭神が祭られる拝殿《はいでん》は５００円以上、他の小さなお社では50円か１００円が多いです。手持ちがない場合は10円を入れる時もありますが、なるべく避けるようにしています。お札《さつ》は封筒に入れて出すことが多いです。

第2次世界大戦敗戦後の日本では、有名な社寺でも国家や自治体から寄進（寄付《きふ》）はありません。税金が投入されないのですから、存続を支えるのは私財しかないのです。

この本のタイトルにもある「成功」を「じょうごう」と読むと、**社寺などで臨時の出費がある時に私財を寄付すること**。「成功者三人」は、神社の修理に私財を寄付して官位を得た人が3名いた、のような意味で古代は使われました。

人口減が急速に進む現在、社寺の存続は「成功者を増やすこと」にかかっています。

本書も、読者さんからひとりでも多くの成功者が出るよう、大事な知識や情報を全てお伝えしています。

「いい偶然」を計画する「たまたま目についたから参拝」

定期・継続参拝をおすすめしましたが、たまたま目についた社寺やお地蔵さんを参拝するのもいいものです。「なぜか神社の鳥居が目についた」→「なんとなく参拝してみよう」と。

たまたま参拝をおすすめする理由は2つあります。
ひとつめは、**キャリアの8割は偶然で決まる**からです。

第1章の最初に紹介した、田中みな実さんの「成功者とのお食事会あるある」では、神社をすすめるだけでなく、「俺は本当に運がよかった」でしめくくるのが定番だとか。
実際、**スタンフォード大学のジョン・D・クランボルツ教授らの調査によると、ビジネスで成功をおさめた人の8割が、成功の要因は予期せぬ偶然だったと回答しています。**
成功したビジネスパーソンは「たまたま運がよかっただけ」と振り返る人が主流なのです。

スタンフォード大学の研究者はこの「たまたま」にフォーカスをあて、「計画された偶発性理論」という成功法を編《あ》み出しました。計画を固定せず、偶然起こった出来事を受け入れ、偶然の出来事を自ら積極的に起こして「いい偶然」を計画するのです。

社寺参拝においても、たまたま参拝するきっかけはあります。

- まちでたまたま見かけた
- ＳＮＳでたまたま目にした
- 友人知人にたまたま誘われた

「たまたま」は神仏の「威に乗る」いい機会です。無理に「行かなきゃ」と思う必要はありませんが、自然に訪れた機会には「乗ってみる」ことをおすすめします。

もし「計画された偶発性理論」を用いるならば、まち歩きでより色々な場所に行く、ＳＮＳで神仏好きな人のフォローをより増やす、友人知人の輪をより広げるなどで、「いい偶然」は起こりやすくなります。

「いい偶然」は心理学者カール・グスタフ・ユング提唱の「シンクロニシティ」とも言えます。意味は「意味ある偶然の一致」「同時発生」など。例えば、ある人が気になっていたら、その人から電話がきたなど、因果関係のない出来事がたまたま同時に起こる現象です。

ある神社が気になったら、その神社に行こうと誘われたり、その神社に行くツアーの案内をたまたま見てしまうようなことも、シンクロニシティです。

もちろん、嫌なことでもシンクロニシティが起こったからやろうと、義務のように思う必要はありません。しかし、楽しめることなら、「いい偶然」に積極的に乗ってはいかがでしょうか。そうすると「いいご縁」もますます広がることでしょう。

弱く遠いつながりを大事にすると、ご縁の質が向上する

たまたま参拝をおすすめするふたつめの理由は、つながりが弱くて関係の遠い人達の方が、つながりが強く関係の近い人達より優れた情報や機会をもたらすからです。

社会学者の安田雪氏（関西大学教授）の著書『人脈づくりの科学』（日本経済新聞社）によると、スタンフォード大学のマーク・グラノヴェッター教授がおこなった、ボストン郊外に住むビジネスパーソン２８２人が対象の調査で、就職ないし転職に役立つ情報は、「身近な人々からではなく、どちらかと言えば疎遠《そえん》な人々から得られることが多かった」（同書）とのこと。

人間関係は、自然にゆだねると、同じような人達（社会的地位・学歴・年代・性別・職場・職種・宗教・趣味嗜好《しこう》など）で固まり、共通の友人知人が多い人達との関わりが中心になります。しかし、そうした人間関係は自由が少なく、内部情報の交換に終始《しゅうし》して、新しい情報や新しい機会をもたらすことは少ないです。

だから、少し意図して、少し努力して、**つながりが弱く遠い関係の人を大事にすると、より質のいい情報やより豊富なチャンスに恵まれる傾向があります。**

これは、特に「傍流《ぼうりゅう》」「非主流派」の人に当てはまります。

もしあなたが組織の中心にいる人なら、同じような人達で固まり、共通の友人知人が多い人達と関わることで正解です。そうしないと中心から外《はず》れるので、他の選択肢はありません。

しかし、**組織の中心から離れた「傍流」「非主流派」の人なら、つながりが弱く遠い関係の人を大事にすることで、色々な情報や機会に恵まれて影響力が増大します。**

この人間関係の知恵を社寺参拝に当てはめると、普段参拝しない社寺に参拝したり、普段自分が興味を持たなそうな場所の社寺に参拝したりするとよいです。

なにせ神社もお寺もコンビニより多く存在しています。神道系の神社は8万6624社、仏教系の寺院は7万6563寺（文化庁編『宗教年鑑』令和5年版）。とても全て回りきれません。

「この人、毎日のように神社行ってるな！」という人でも3000社も参拝していませんでした。私自身は数えていませんが、1000社も参拝しているかどうか？

あるいは、社寺「以外」で、社寺のような効果を持つ公園散歩を趣味にするのもおすすめです。公園もまた、公園のある地域への地域愛が増し、愛した対象のために貢献したい意欲が増して「愛を持って生きる力」が付きます。

日本人初の哲学者とされる西田幾多郎《きたろう》は、南禅寺と銀閣寺を結ぶ散歩道をよく歩いたことで、その道は「哲学の道」と名付けられました。発明王エジソンもタモリさんもよく散歩しますが、散歩といえば、最も多いのが公園です。

あなたの知らないまちの社寺や公園を出歩くと、自由な環境の中で、新しい情報や新しい機会がもたらされることでしょう。

願い事がなくても、「何かいいなあ」で通い続ける

「人からすすめられて神社に行ったら、何かいいなあと思って。それから見かけたら参拝するようになりました」

あるご活躍中の社長さんの言葉です。願い事が特別あるわけではありません。ただ、「何かいい」。

それだけで神社参拝をし続けているそうです。

ある有名神社の宮司《ぐうじ》さんがこんなことを言っていました。

「神道は感じる宗教です」と。

神道には「言挙《ことあ》げせず」という伝統があります。口に出さない、言葉で説明しないということです。だからなのか、神道にはその教えを言葉で説明する教典・教義がありません。『敬神生活の綱領』という薄い冊子《さっし》がありますが、教義としては定められておらず、古来尊重されてきた要点を記した実践規範（ガイドブック）とされています。

言葉で説明しないなら、では**神社の素晴らしさや、神道の意義はどう伝えればいいのでしょうか？　その答えは「ただ、感じてください」です。**

このような精神的伝統により、日本では言語メッセージばかりに意識を向けないで、非言語メッセージを察する・感じる感性が磨かれました。

こんなことを言うと、「オレの背中を見て覚えろ、というやつですか？　背中に何も書いてないんですけど！」と不満に思う人もいるかもしれません。

実際、「背中を見て覚えろ」が成り立つのは、非言語メッセージでやりとりする能力や感性を発達させた人同士の間だけです。言葉以外の背景や文脈、価値観が共有されていてこそ、「背中で伝える関係」が成り立ちます。

しかし、この「何かいい」が刺激されただけでも、神社に行く意味はあります。

よく神社で開運すると言いますが、大きく２つ意味合いがあります。

ひとつめは考え方の改善です。**人生、偶然の幸運もあれば、偶然の不運もあります。しかし、不運な出来事も、積極的に活かして幸運に変えられる時もあります。**

例えばスポーツ選手が運悪く怪我《けが》をした。次は怪我をしないよう体の柔軟性や筋力を高めたら、あまり怪我しない体になったとします。すると、あの時に怪我をしてよかった、となります。

逆に、運よくものすごく優遇された人が、慢心のあまり失敗し、悪い結果を招いたならば、優遇されたのがまずかったとなります。

不運を幸運にするのも、幸運を不運にするのも、自分次第だと理解すると、人生だいたい幸運です。

ふたつめは**「何かいい」「何か悪い」の感性が磨かれることです。「いい方」を選んでいけば、人生楽しくなるのは当たり前すぎることです。**

未来を創造する時、根拠など何もなく判断することは山ほどあります。ご活躍のビジネスパーソンほど、「なんとなく」「勘《かん》で」判断する機会が増えるのです。だから、つい陰《かげ》で占《うらな》いに頼る人達もいますが、理解できます。占いの結果をそのまま丸呑《まるの》みするというより、結果を聞いて「その通りな感じ」「何か違う感じ」という自分の感性を見える化するのに役立つからです。

実際、未来の予知なんてまずできませんし、一生懸命に考えたのなら、意思決定のレベル差はほぼ出ないでしょう。

だったら、少しでも「いいな」と感じる選択をすれば、たとえ成果は同じでも、少なくとも「より、いい未来」がくるはず。その「いいな」はあなたの主観にすぎませんが、同時に同じように多くの人が「私もそれいいと思う」と感じてくれるでしょうから。

第3章

売上アップ！商売繁盛やお金の悩みを解決する神社

【金運の仕組み】損切りはより早く、勝ち逃げはより遅く

「神仏参拝すると金運が上がる」って本当でしょうか？

もし本当だとして、なぜ金運が上がるのか、その理由や仕組みを説明できるでしょうか？

結論を申し上げると、神仏参拝で金運は上がります。

理由は、より合理的にお金の判断をできるようになるからです。

神仏の金運は、何もせずともお金がたくさん入ってくるものではありません。もし仮にそうなら参拝者はみなウハウハですが、そんな人はいません。ウハウハとテンションが上がることはケガレですから、ケガレが大きく増えることは起こりません。

その逆で、**ケガレが減ることで金運上昇するのが神仏の金運です。**

まず前提として、人間はお金に関して非合理的な行動をする生き物です。
これを証明したのが、行動経済学者ダニエル・カーネマンの「プロスペクト理論」。２００２年にノーベル経済学賞を受賞した理論です。
「プロスペクト」の意味は期待する、予想する、見込むなど。内容を一言で言うと、**「人間は利益獲得よりも損失回避を重視する」**という発見です。得する喜びよりも、損する痛みの方を、人間の感情は強く感じる特徴があるのです。

次ページの図でこの理論を説明すると「10万円得する満足」よりも「10万円損する不満」を人間の感情はより強く感じます。10万円損する不満の大きさは、20万円得する満足の大きさとほぼ同じ（得する満足×２≒損する不満）。約「２倍」の差ですね。例えば、もし年収１０００万円の人が独立起業するとしたら、年収２０００万円ほど得られる見込みがないと会社を辞められない、と判断しがちです。

つまり**人は「得したい」よりも「損したくない！」気持ちの方が2倍強いのですが、その結果、「非合理的な判断」をします。つまり、損してしまうのです。**

プロスペクト理論

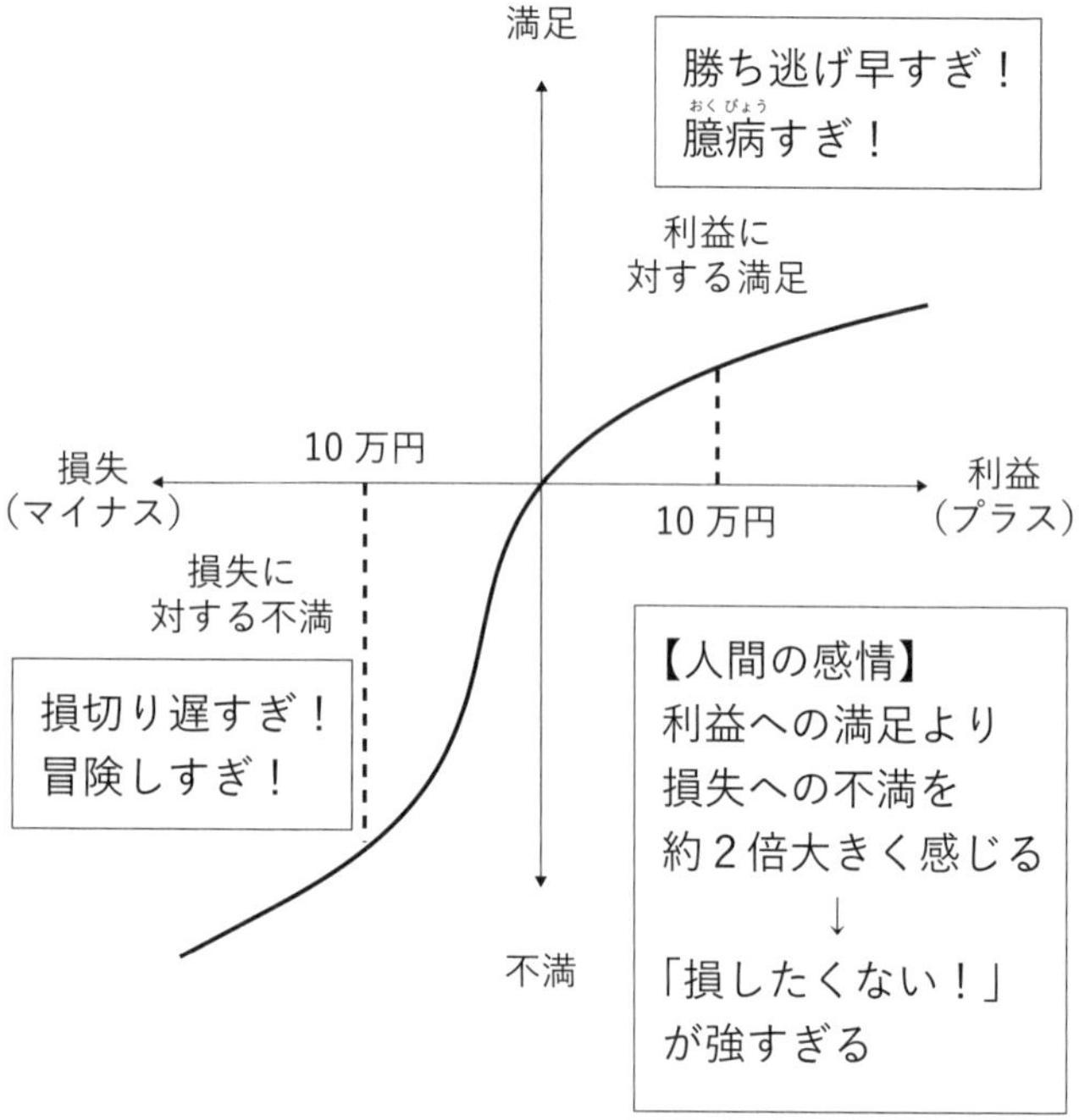
満足
勝ち逃げ早すぎ！
臆病《おくびょう》すぎ！
利益に
対する満足
10万円
損失
（マイナス）
利益
（プラス）
10万円
損失に
対する不満
損切り遅すぎ！
冒険しすぎ！
不満
【人間の感情】
利益への満足より
損失への不満を
約2倍大きく感じる
↓
「損したくない！」
が強すぎる

例えば商売、株式投資、ギャンブルなどで損失が出そうな時、人は損したくないから損失を取り返そうとします。「損を確定したくない」のです。損を取り返すために、人はもっと株を買ったり、大金《たいきん》を狙《ねら》って当たる確率の低いギャンブルに手を出したりします。結果、損はどんどん膨らみ、大きな損失を招きがちです。もっと早く損切り（損失の確定）するのが合理的な判断ですが、できないのが人間心理です。

逆に利益が出そうな場合、人は早く利益を確定しようとします。もし値上がりした株が長期の利益を見込めるなら、売らずに保有し、さらなる利益を追求するのが合理的な判断です。しかし目の前に利益がぶら下がれば、人はすぐ勝ち逃げします。結果、大きな利益を得られないのですが、目先の利益を取るのが人間心理です。

より身近な例では試験勉強中のゲームのようなもの。試験勉強をしっかりして長期の利益を追求するより、目の前のゲームの楽しさを取りがちなのが人間です。

人は得すると臆病《おくびょう》になり、損するとギャンブラーになる。このおのれの感情のまま選

択すると、損失はより大きく、利益はより少なくなります。「損したくない」の感情が強すぎると、このように非合理的な選択を招きます。

この非合理的選択を減らす方法が、水のみそぎで罪ケガレを祓うこと。過去の記憶に付くネガティブな気落ちした感情とポジティブなウハウハした感情を祓うことで、強すぎる損したくない感情も抑《おさ》えられます。

お金に関する重要な意思決定をする時は、水量豊富な神社参拝や水を使った作業をするのもおすすめです。手洗い、顔を洗う、風呂に入る、水を使って掃除するなど。いずれも金運上昇につながる行動です。また水があるのは神社の方が多く、水のあるお寺は少ないので、神社の方がおすすめになります。

ケガレた感情を水で祓った後に残るのは事実のみ。あとは事実に基づき合理的に選択するだけです。

うまくいかないものはさっさと損切りし、勝ち逃げをあせらず、じっくりと利益を追求しましょう。

富裕層のまちの社寺に慣れるとお金のセンスが磨かれる

うまくいっている投資家さんの話を聞くと、くり返しおっしゃることがあります。

「私に売り買いのセンスはない」
「私の予想は当てにならない」

プロスペクト理論を知ると、たいていの人はお金のセンスがないとご理解いただけるでしょう。だから、「私も損したくない気持ちが強すぎるなあ」とがっかりしたり、ご自身を責めたりする必要はありません。「多くの人はお金について判断を間違う」と、優れた学者さんが証明したのですから、いい言い訳ができたと思ってください。

それよりも**大事なことは「私のお金に関する判断は当てにならない」と自覚すること。**

これでお金の失敗はなくなります。

うまくいっている投資家さんも「私のセンスや予想は当てにならない」と何百回も言い聞かせることでうまくやっているのです。

こうした**「お金に関する達人の知恵やセンス」をダウンロードするのにいい場所が、高級住宅街の社寺です**。

高級住宅街の社寺には、お金持ちやビジネスで大成功されている人などがよく参拝されています。

ここで社寺参拝の効果を思い出してください。参拝者や近所に住む人たちのいい部分を「知る」ことでした。

お金持ちのイメージがいい人も悪い人もいるかと思いますが、いい方向に変わります。その結果、お金持ちに学ぶ姿勢ができて、知恵のような形のない精神的なものを受け取れるようになります。高級住宅街の住民が持つ「お金に関する知恵やセンス」もダウンロードできるのです。

高級住宅街をあげると数が多すぎるので、ほんの一部だけご紹介します。

まず**東京都千代田区九段北《くだんきた》の靖國《やすくに》神社と築土《つくど》神社、そして九段南の二七《にしち》山《ざん》不動院**です。九段坂を境に南北に分かれる九段北と九段南は、付近に日本武道館、科学技術館、東京国立近代美術館など日本を代表する文化施設や外国大使館、そして皇居があり、東京の一等地中の一等地です。

明治以降の戦没者の御霊を祭る靖國神社は、日本人だけでなく外国の政治家や軍人、文化人も多数参拝しているのが他の神社にはない特徴です。

著名なビジネスパーソンだと世界的ベストセラー『ビジネスマンの父より息子への30通の手紙』（新潮文庫）の著者キングスレイ・ウォード氏も靖國参拝をしています。日本でも愛読者の多い大ヒット作なので、ご存じの方も多いでしょう。

なので、海外ビジネスや海外との文化交流をしたい人にもおすすめの神社です。

ビルの谷間にひっそり存在する築土神社は、日本から独立しようとして討伐《とうばつ》された平将門《たいらのまさかど》公の首が安置されていたと伝わる将門信仰の神社です。おっかない由来《ゆらい》ですが、**反乱を起こして敗《やぶ》れたからこそ、勝負運のご利益に期待できる神様です**。

出版業界や映画制作のカリスマ角川春樹氏が毎日のように参拝していると、2022年7月20日放送のテレビ番組『日本のドン』（TBS系列）で語っています。

二七山不動院は、近隣に「世界三大提督」のひとりとして国際的に有名な海軍の東郷《とうごう》平八郎《へいはちろう》が住み、日清《にっしん》戦争で母がお百度詣《ひゃくどまいり》を、日露《にちろ》戦争で妻が毎日参拝とお百度詣をしました。お百度詣は同じ社寺に100日間毎日参拝すること。急を要する場合は1日100回参拝もありです。

日露戦争で連合艦隊司令長官の東郷平八郎はロシアのバルチック艦隊に海戦史上まれに見る圧倒的勝利をおさめ、世界的な英雄になりました。この**バルチック艦隊に勝利した日が二七山不動院の縁日《えんにち》27日なのは、はたして偶然でしょうか？**

その後、このことを知った東郷平八郎は27日にはよく夫婦で二七山不動院に参拝され、関東大震災でお寺が燃えた時は手厚く支援をされました。近年も消失し、現在はビルの1階にあります。

九段南には、他にも名称のよく分からない祠《ほこら》があり、「八幡大菩薩《はちまんだいぼさつ》」「白髭大明神《しらひげだいみょうじん》」「天照皇大神《あまてらすすめおおかみ》」をお祭りされているようです。

東京だと他に**東京都世田谷区代沢《だいざわ》の北澤八幡神社もおすすめ**。代沢は、佐藤栄作氏に竹下登氏と２人の総理大臣経験者も住んだ、**出世する高級住宅街**として知られます。佐藤氏は非核三原則でのノーベル平和賞受賞や７年８カ月の長期政権で歴史に名を残した総理。竹下氏はＤＡＩＧＯさんのおじいちゃんと言った方が通じるかもしれませんが、代沢に引っ越した数カ月後に総理大臣になりました。国民的人気漫画『ＳＬＡＭ ＤＵＮＫ』（井上雄彦《たけひこ》／集英社）に登場した神社のモデルにもなった、地域に溶け込む落ち着いた神社です。

関西からは兵庫県より芦屋《あしや》市の芦屋神社と西宮市の越木岩《こしきいわ》神社をご紹介します。

芦屋神社は高級住宅街として全国的に有名な芦屋の神社です。急な坂の上にあって歩いて行くのは大変ですが、見所《みどころ》は多いです。

主祭神のアメノホヒは出雲《いずも》大社の宮司を代々務める家の初代（祖神《そしん》）で伊勢神宮の主祭神アマテラスオオミカミの次男。伊勢と出雲は神話で対立しているとされますが、両者をつなぐアメノホヒの芦屋神社境内《けいだい》には出雲神社と伊勢神宮の遥拝所《ようはいじょ》があります。石の部屋になっている横穴式の古墳もおもしろいですよ。

越木岩神社は高級住宅地「西宮七園」と呼ばれる苦楽園・甲陽園などの守護神です。高さ10メートル・周囲40メートルの「甑岩《こしきいわ》」という巨石がご神体で、圧倒されます。少し登山になりますが北の磐座《いわくら》までぜひご参拝ください。日が射すと願いがかなうと言われています。

こうした**高級住宅街に共通するのは、おどろくほど雰囲気が落ち着いていること**。平穏《へいおん》で安全安心。静かな心地よさがあります。

このことは学会発表のため米国の首都ワシントンD.C.に滞在した時に、もっと明確に感じました。富裕層のエリアとそうではないエリアでまったく空気感が変わり、その違いを肌身《はだみ》で実感したのです。

高級住宅街では、社寺参拝に加えて、公園の散歩もおすすめです。富裕層エリア特有の静かな心地よさを体感できます。例えば池田山公園（東京都品川区）など。

一時的な金運ではなく、財産を築く「財運」の空気感は、この「静かな心地よさ」。**どんな大金や高価な品物がそばにあっても淡々《たんたん》としていられる人は「財運」があります。**

逆に言えば、落ち着かない場所や人に財運はありません。お金が入ってもすぐ浪費《ろうひ》します。その方が人間味があり、他人事《ひとごと》ならおもしろいですが、運気は悪いです。

商売繁盛の神「えびす様」は、なぜ捨て子や水死体なのか？

高級住宅地「西宮七園」の7つの街がある西宮市のシンボル西宮神社は、商売繁盛の福の神「えびす様」の総本社《そうほんじゃ》。

えびす様といえばふっくらしたお顔と体で、釣竿《つりざお》を持ち鯛《たい》を抱《かか》える姿で知られます。

打ち出の小槌《こづち》を持つバージョンもありますね。
そんな**「えびす様」の正体について調べると、福の神とは真逆じゃないかと思えるような、おどろきの神話にたどりつきます。**

西宮神社の伝承によると摂津国《せっつのくに》西の浦（兵庫県西宮）に流れ着いた「ある存在」は、土地の人々に拾《ひろ》われて育てられ、「戎三郎《えびすさぶろう》」と呼ばれるようになり、戎三郎大明神（海の神）や戎大神として祭られるようになりました。

この「ある存在」は、日本の建国神話で「ヒルコ」と呼ばれる存在です。


『古事記』によると、日本列島および主要な日本の神々を産んだ夫婦イザナギとイザナミがオノゴロ島に神殿を建て、最初につくった神が「ヒルコ」でした。

ヒルコは生後3年経っても足腰が立ちませんでした。神としては不完全だとされ、イザナギとイザナミはヒルコを葦船《あしぶね》に乗せて海に流してしまいました。要するに捨てられたのです。『古事記』ではその後のヒルコについて何も語られていません。

『日本書紀』では三貴子（三貴神）と呼ばれたアマテラス、ツキヨミ、スサノオの次に生まれています。ただし捨てられているのは変わりません。西宮神社の伝承で三郎なのは三貴神の兄弟だから。アマテラスは女神で、あとは男神なので三男です。

『古事記』『日本書紀』だけ読むと、ヒルコの扱いがずいぶんひどい。体に障害があったため、神の一族から追放されたのですから。

ただ、物語をよくお読みの方なら、ヒルコの話は典型的パターンであることもお分かりでしょう。世界中で見られる貴《き》種《しゅ》流《りゅう》離《り》譚《たん》です。

世界最古の話は、紀元前24世紀に古代メソポタミアでアッカド帝国を建国したサルゴン王の出生話。サルゴン王は女性祭司（神殿娼《しょう》婦《ふ》）から人知れず生まれたとされます。生後まもなく葦の小箱に入れられてユーフラテス川に流されましたが、水路から水をくむ労働者の男性に拾われて育てられ、女神イナンナの加護を受けて王となります。

サルゴン王の建国神話とヒルコの神話、似ていますね。

貴種流離譚のパターンは次の通りです。

高貴な身分の男女が一人の男児を授かる
↓男児の誕生が災厄《さいやく》と見なされる
↓男児が排除される
↓殺されたらそれで終わりだが、捨てられた場合は箱などの容器に入れられて密《ひそ》かに川に流される
↓身分の低い者などに拾われ育てられる
↓成人した子供は苦労と冒険を経て父を殺すか、父を越える程の成功や幸せを得る

かごに入れられナイル川に流された預言者モーセも、基本このパターンですね。

『古事記』『日本書紀』のヒルコは、川に流されて終わり。ただ、後世の誰かが物語の続きを書きます。西宮で土地の人々に拾われ神となるのです。そして父イザナギを越える人気と知名度の神「えびす様」になり、「えびす顔」と言われる喜びや幸せのシンボルとなりました。実は「川に流される」が、水のみそぎと読み解けます。

不幸はヒルコが背負ったので、物語の続きである成功や幸せは参拝者のみなさんに、が「えびす様」の使命でありご利益です。


えびす信仰は、漁師が水死体を信仰する習慣にも存在します。

長崎県壱岐島《いきのしま》の勝本浦《かつもとうら》という港町では、漁師は身元不明の水死体を豊漁《ほうりょう》をもたらす「えびす様」だと信仰しました。

水死体を陸揚《りくあ》げした後、死体を置いた場所を海水と塩で洗い清め、漁船の乗組員は酒を飲んで自身を清め、さらに神職が船と乗組員のお清めをして、その後、漁村の外れに祠を建て、初魚を供えて航海安全と大漁を願う風習があったのです。

陸揚げした「えびす様」に自分の肌着を脱いで着せて手厚く葬《ほうむ》ると、その人の運勢がよくなると信じられてもいました。

漁師にとって水死体は「いつか自分もああなるかも」と恐れを呼び起こす存在です。気落ちして、神道でいうケガレの状態になります。となると、水や塩でみそぎをしてケガレを祓うのがいい手段です。気落ちしていますから、祓って気分を上げるのです。

漁師さんは水死体との遭遇《そうぐう》を「不吉だ」としてただ落ち込むのではなく、豊漁や運気の上昇がもたらされると、気分を少しでも上げる習慣ができたと読み解けます。また、自身がいつか身元不明の水死体になっても、神様になると思えれば少しは気分が上がるのではないでしょうか。

ケガレを呼ぶ災《わざわ》いは単に拒否するものではなく、大きな成功の種にもなります。**「災いでケガレる → 水でみそぎをする → 成功する」が日本神話の3ステップ。**ヒルコの扱いがひどいと倫理的な怒りを覚える人もいるかもしれません。が、実話ではなく物語の典型だと客観的に捉えて、日本古来の開運や成功法、人生の知恵をくみ取っていただければ幸いです。

「元祖ビジネスの神様」事業発展ならお任せの凸凹コンビ

もし「ビジネスの神様」を選ぶなら、この神様コンビが元祖です。

・大巳貴神（オオナムチ）　※大穴牟遅神、於保奈牟知、大穴道などとも表記される
・少彦名神（スクナビコナ）

スクナビコナは一寸法師のモデルとも言われる小さな神様です。

オオナムチは出雲大社の主祭神である大国主（オオクニヌシ）の別名ですが、ただ神様として別の側面をあらわしているようで、オオナムチの名は、スクナビコナとのコンビ神として、多くの文献・伝承に語られています。

両神は「大＋ナ」に「少＋ナ」と明らかにセット。大小の凸凹《でこぼこ》コンビで「国づくり」の神様とされます。


『日本書紀』によると**両神は心をひとつに力を合わせて「経営天下」、つまり天下を経営しました**。ゼロからの国づくりですから、現代の政治家とは異なり、多くの事業を自ら起こし発展させた起業家でありビジネスパーソンです。

両神は日本全国を回り、人間と動物の医療、農業の鳥獣害・虫害対策、温泉治療、酒づくりなどを伝え、国の基礎を築きました。医薬品・酒類業界からの信仰は現代でも篤

いものがあります。

私が神社についてお伝えする仕事をし始めたのは、北海道神宮（札幌市中央区）の紹介がスタートでした。

北海道神宮はオオナムチ・スクナビコナの両神と国土の神霊に加えて、神社の建立を命じた明治天皇がご祭神です。両神と国土の神霊は開拓三神と呼ばれる「北海道開拓の願い」を託された神々で、始めたことを形にし、事業を発展させるご利益があります。

私の神社に関する仕事も、北海道神宮の紹介から始めたことで、おかげさまで発展したように思います。

ちなみにその仕事内容は全国のグルメ情報や絶景、パワースポットを紹介する書籍制作で、私は神社紹介の執筆や写真撮影をおこないました。単に趣味で神社参拝していただけなので仕事の依頼におどろきましたが、「北から順に書こう」と北海道神宮の紹介から始めたのでした。

神社紹介はこの偶発的な仕事で終わりと思っていましたが、その後さらに拡大したので、私にとっては国づくりならぬ「事業づくり」でした。

北海道神宮の他にオオナムチ・スクナビコナ両神を一緒に祭るのは次の神社などがあります。

- 酒列磯前《さかつらいそさき》神社（茨城県ひたちなか市）
- 神田神社（東京都千代田区）
- 淡嶋《あわしま》神社（和歌山県和歌山市）
- 大穴持《おおなむぢ》神社（鹿児島県霧島《きりしま》市）

日本国をつくった凸凹コンビのような「補《おぎな》い合うパートナーシップ」で事業を発展させるご縁が期待できるでしょう。

ブリヂストン創業者が敬ったヒットを生み出す神様

日本で最も豊かな財団はどこかご存じでしょうか？

1位が石橋財団：資産総額3542億円、2位が日本財団：資産総額2869億円です（助成財団センター「資産総額上位100財団〈2020年度〉」）。

石橋財団の財務諸表では資産総額5734億円（2023年12月31日現在）。

この日本最大の財団をつくったのは世界最大級のタイヤーメーカー・ブリヂストン創業者の石橋正二郎《しょうじろう》です。

ブリヂストンは2008年にタイヤの売上高で世界1位になると、以降2018年まで11年連続ナンバーワンでした。

そんな世界ナンバーワン企業の元々の家業は、なんと福岡県久留米《くるめ》市で着物や襦袢《じゅばん》を縫《ぬ》う小さな仕立屋でした。家業の競争力に疑問を感じた石橋正二郎は、シャツでもなんでも仕立てるお店から、最も利益の見込めた地下足袋《じかたび》製造の専門店に転換。生産性が大幅に向上して、足袋の四大メーカーのひとつになるまで成長しました。さらに洋服の普及に伴うゴム底靴の製造でも成功をおさめたのです。

これだけでは満足しない石橋正二郎は、自動車の普及をにらんで「日本人の資本で、日本人の技術によるタイヤの国産化」を目指します。純国産タイヤ第1号をつくり、F1への参戦、そして世界三大タイヤメーカーの一社にまでなりました。

ちなみにブリッヂ（橋）＋ストーン（石）で創業者の苗字《みようじ》「石橋」です。

石橋正二郎は優れた企業家であるだけでなく、広く文化事業にも取り組みました。「世の人々の楽しみと幸福の為《ため》に」という信念のもと、企業経営と文化事業を両輪とし、東京で初めて近代洋画の美術館「ブリヂストン美術館」（現・アーティゾン美術館）を開館。時代に先駆《さきが》けた企業経営だけでなく、文化事業でもその才覚を発揮したのです。

日本最大の美術館で知られる皇居外苑《がいえん》・北の丸公園の東京国立近代美術館を新築寄贈したのも石橋正二郎です。

「よくもこんなに次々と新しい取り組みを始めて、成功させられるものだ」
石橋正二郎と神様との関係を調べて納得しました。
天之御中主神（アメノミナカヌシノカミ）とご縁が深いのです。日本神話で宇宙の最初にあらわれた天の中心にいる創造神です。

宇宙の根源神、宇宙の創造神で、0から1を創り出す神様がアメノミナカヌシです。全ての根源にある創造神ですから、アイデアの発想や事業創造にピッタリですね。

石橋正二郎とアメノミナカヌシのご縁を知ったのは水天宮《すいてんぐう》（東京都中央区）に参拝した時です。

水天宮のご祭神はアメノミナカヌシです（他、安徳天皇、高倉平中宮《たかくらたいらのちゅうぐう》、二位《にい》の尼《あま》）。安産、子宝、水難除《よ》けなどのご利益で知られ、妊娠中のご夫婦をたくさんお見かけします。

ここの入り口から階段を上ると立派な狛犬《こまいぬ》があるのですが、1967年に石橋正二郎が奉納したものです。

水天宮の総本宮は福岡県久留米市にあり、東京の水天宮も久留米水天宮の分霊です。久留米市といえば石橋正二郎の出身地でブリヂストンの創業地。東京の水天宮に狛犬を寄進されたのも、元が久留米の神様だからでしょう。

「情け有馬《ありま》の水天宮」という言葉をご存じでしょうか。

江戸時代、久留米藩主の有馬頼徳《よりのり》は江戸屋敷内に久留米水天宮の分霊をお祭りしました（明治時代に水天宮は現在地へ移転）。久留米藩のお屋敷内にあるので一般人は参拝できません。しかし江戸っ子達は水天宮を熱心に信仰し、塀越しにおさいせんを投げ込む人がたくさんいたとか。そこで、毎月5日に限り参拝用に有馬家のお屋敷が開放されました。この有馬家の温情により「情け有馬の水天宮」という言葉が生まれたのです。

久留米市のお寺にも石橋正二郎は寄進をしています。千栄寺と梅林寺で、千栄寺は曹《そう》洞宗《とうしゅう》、梅林寺は臨済宗《りんざいしゅう》です。

千栄寺は石橋家代々が檀家《だんか》で石橋正二郎の墓もあり、老朽化《ろうきゅうか》した本堂を新築寄進しています（教会のような個性的建築）。

梅林寺は久留米藩主・有馬家の菩提寺《ぼだいじ》で、石橋家は久留米藩との関わりに深いものがありました。石橋正二郎の父方の祖父は下級久留米藩士、母方の祖父は久留米藩の御用商人だったのです。久留米藩主の居城だった久留米城は、明治初期に久留米藩で起こった政府への反乱未遂《みすい》事件で廃城となり建物は破却《はきゃく》。政府は民間に払い下げて、ある豪商が買い取り石垣を運び出す計画がされましたが、石橋正二郎の母方の祖父・緒方安平《おがたあんぺい》が買い受けて阻止《そし》。城跡の形を留めるとともに、城郭《じょうかく》になる以前から神聖な場所と崇《あが》められていた本丸跡《ほんまるあと》の丘に篠山《ささやま》神社が創建されました。歴代の久留米藩主で特に功績のあった有馬家当主の５名がご祭神となり、５柱の神様になっています。

この**石橋正二郎の祖父による久留米城跡の買い取りと神社創建が、その後の繁栄の基礎になったと推察します**。

まとめると、石橋正二郎と関わりの深い神様は、第一に歴代の久留米藩主、第二にその久留米藩主が信仰した水天宮の神様アメノミナカヌシらで、アメノミナカヌシは全ての根源神で創造神です。

ブリヂストンの繁栄にはこんな神縁があったのです。

日本のドンが愛したお金の神様

「戸締《とじま》り用心　火の用心」と法被《はっぴ》姿《すがた》の子供達が歌って行進し、ハワイ出身の力士・高見山が太鼓《たいこ》をたたき、「一日一善！」で締めるコマーシャルをご存じでしょうか？

このコマーシャルに出演していたご年配の男性は、笹川良一《りょういち》。競艇《きょうてい》（ボートレース）の創設で中心的役割を果たし、また競艇の売上金で、公益・福祉事業をおこなう日本財団や国際交流・国際協力をおこなう笹川平和財団を創設した人物です。

日本財団の資産総額は2869億円で日本2位の財団ですが、年間助成額で見ると476億円で日本一。それも2位に9倍近い差をつけるダントツに影響力のある助成団体です（助成財団センター「助成等事業費上位100財団〈2020年度〉」）。

また、笹川平和財団も資産総額1494億円で日本5位の財団です（同「資産総額上位100財団〈2020年度〉」）。

波乱万丈なご経歴で悪役イメージも強く「日本のドン」「政財界の黒幕」など強面《こわもて》の

異名を持つ笹川良一ですが、社会奉仕活動には極めて熱心でした。その死後も競艇の売上金を財団の福祉事業や海の安全を守る事業にまわす仕組みを残し（子には借金を残し）、慈善事業の推進に大きな貢献をし続けています。

そんな**笹川良一が信仰した神様といえば、一番有名なのが「こんぴらさん」の名で知られる金刀比羅宮《ことひらぐう》（香川県仲多度郡《なかたどぐん》琴平町《ことひらちょう》）**。笹川良一59歳の時、82歳の母親を背負って金刀比羅宮の長い石段を登ってお参りする様子が「孝子の像」と呼ばれる銅像になって、笹川良一ゆかりの地などに置かれています。

ちなみに石段の数は本宮まで785段、奥社まで1368段あり、「こんぴらさんといえば長い石段」のイメージが定着しています。

金刀比羅宮は特に海上交通の守り神として信仰され、漁師、船員、海軍軍人などの船乗り達から崇敬されました。競艇を主宰《しゅさい》した笹川良一も船や航海に対する思い入れが強く、金刀比羅宮を崇敬したのも自然な流れでしょう。笹川平和財団ビルが東京の虎ノ門にある金刀比羅宮のすぐ向かいにあるのも崇敬の思いからだと推察します。

ご祭神の大物主神（オオモノヌシ）は、出雲大社の主祭神である大国主の魂をあらわす神様です。魂の中でも和魂（にぎみたま）といって温和な性質の神様とされます。

ただ、ご祭神が大物主神になったのは明治以降で、本来は違う神様です。

金刀比羅宮の元々は松尾寺金光院《まつおじこんこういん》というお寺で、守護神は金毘羅権現《こんぴらごんげん》と言いました。

金毘羅権現は神道と仏教が混合した神仏習合《しんぶつしゅうごう》の神様で、**元をたどるとインドのガンジス川に棲《す》む鰐《わに》を神格化した「クンビーラ」という蛇《へび》型の水の神様です。クンビーラはガンジス川の女神ガンガーの乗り物で、水を操る力を持つことから、海上交通の守り神とされました。**日本神話で鰐は龍宮《りゅうぐう》の神様なので「龍神さん」と思ってもらってもよいですね。

「こんぴらさん」は金刀比羅や金毘羅、金比羅と「金」の字が付くため「お金の神様」の印象も強いです。

お金の流れと水の流れは似ており、流れが止まるとよどみ、流れが急速だと危険です。

水を操るクンビーラは、水の流れを操るように、お金の流れも操ると解釈すると、**航海の安全に加えて、お金の安全もご利益です**。

笹川良一が主宰した競艇は、まさにお金と水の両方が激しく動きますし、売上金を慈善事業や海の安全を守る事業にまわす仕組みは、お金と水の流れを巧《たく》みにコントロールするもので、こんぴらさん信仰はピッタリすぎるほどピッタリでしたね。

【狼さん派遣します】やり抜く人の決意を後押しする神様

極真《きょくしん》会館の一年の始まりは三峯《みつみね》神社での合宿から始まります。

埼玉県秩父《ちちぶ》市の三峯神社は、極真空手の創始者である大山倍達《ますたつ》が山ごもりの修行をおこなっていたことで知られます。創始者ゆかりの地として、極真会館総本部の冬季合宿が年明けに毎年おこなわれていることでも有名です。

極真空手といえば大山倍達の半生を描いた漫画『空手バカ一代』（原作・梶原一騎《かじわらいっき》／講談社）の大ヒットでブームになり、120カ国以上の支部に1200万人以上の門下生を抱える世界最大の空手団体です。

三峯神社で大山倍達が空手の修行をしたのは、剣豪《けんごう》・宮本武蔵《むさし》へのあこがれから。作家・吉川英治《よしかわえいじ》の代表作『宮本武蔵』（新潮文庫など）に、三峯神社で奉納される神楽《かぐら》太鼓のばち捌《さば》きから武蔵が二刀流を開眼したと描かれています。もっともあくまで小説上の創作話で、武蔵が修行した記録はないようです。

近年はフィギュアスケートの浅田真央さんらが購入した「白」い「氣《き》の御守り」が大人気すぎて入手困難になったり（毎月１日のみ頒布《はんぷ》されていたが、待つ人の車の大渋滞により現在は休止）、お笑い芸人の小峠《ことうげ》英二さんが参拝後にキングオブコントで優勝したりなど、よく話題になる神社です。

標高１１００メートルの高地にある三峯神社には、最寄《もよ》りのバス停に到着しただけで異世界のような特別な空気感があり、私はいつも感動します。社殿《しゃでん》もこんな山間地にあると思えないほど美しく豪華。それだけの社殿を建てられる財力があるのですから、多くの参拝者に豊かなご利益をもたらし、お返しに多くの寄進があるのでしょう。

ビジネスパーソンにも人気の神社ですが、私の勝手な印象で言うと、根性《こんじょう》のある人は特に三峯神社のご利益を実感しているように思います。目標があり、その目標実現のためにおのれを鍛える強い意志のある人たちです。そんな人たちが「やり抜く力」を発揮できるよう三峯神社は後押ししてくれるでしょう。

三峯神社のユニークなところは、やり抜く意志のある人たちに「神の狼《おおかみ》」を派遣してくれるところ。「御眷属拝借《ごけんぞくはいしゃく》」と言います。

眷属とは神様のお使いで、神様の霊力により神様と同じ働きをするとされます。三峯神社の神様の御眷属は狼で、江戸時代から御眷属様をお札《ふだ》として1年間拝借し、地域や一家の無事息災を祈る事がおこなわれています。これを「御眷属拝借」と呼び、火の災いや盗難の災いを除けたり、様々な困難を除けるお力があるとされます。お札に入った神狼が村や家の護衛として1年間派遣されてくるのです。親しみを込めて「おいぬさま」と呼ばれます。

狼に恐いイメージを持つ人も多いですが、狼は畑を荒らす鹿《しか》や猪《いのしし》を追い払うし、盗賊も狼がいると恐れて近付かない。山火事が起きれば狼がいち早く気づきます。この狼のはたらきをご利益とするお札が発行されると人気となり、信仰を集めました。

狼の神様としての名は大口真神（おおくちのまかみ）。戦争で関東にきた景行天皇の皇子ヤマトタケルノミコトが三峰山《みつみねさん》に登り、日本を産んだイザナギ・イザナミの２神をお祭りする宮を建てた際、ヤマトタケルを道案内したのが狼だとされ、神様の使いとして一緒にお祭りされました。

同様の言い伝えは東京都青梅《おうめ》市の武蔵御嶽《みたけ》神社にもあり、同じく戦争で関東にきたヤマトタケルノミコトが御嶽山《みたけさん》から西北に進んでいる時、大鹿の姿で現れた邪神を退治しました。すると大山鳴動《たいざんめいどう》して霧が立ちこめ、道に迷います。そこに白い狼があらわれ、道案内をして西北へ導きました。ヤマトタケルはこの狼を「大口真神」と名付け、御嶽山に留まり魔物退治をするよう命じたとされます。

この青梅の武蔵御嶽神社でも、１年間守護する大口真神のお札を頒布しています。重量挙げで有名なアスリートの三宅《みやけ》ファミリーがよく参拝されて、オリンピックのメダルを６個獲得されました（金２、銀２、銅２）。

大口真神はキャラクター性が魅力的で、現代の映像作品にもたびたび登場します。**「だまれ小僧《こぞう》！」の台詞《せりふ》などでおなじみ、映画『もののけ姫』（宮崎駿監督）の白い巨狼《きょろう》「モロの君《きみ》」のモデルで、また人気漫画『ONE PIECE』（尾田栄一郎／集英社）の登場人物ヤマトの能力は「イヌイヌの実《み》　モデル大口真神（おおくちのまかみ）」です。**

三峯神社は伝統の「御眷属拝借」に、「白」い「氣の御守り」と、不思議によくヒット商品が生まれ、大口真神という多くの人をひきつける魅力ある神様がいます。ビジネスパーソンとしては、そんなヒット商品や人気キャラを生む知恵やご利益にもあやかりたいものですね。

あなたが道に迷う時、大口真神のお社にどうぞご参拝ください。

新1万円札の顔・渋沢栄一の愛した霊場

近年最も注目のビジネスパーソンといえば２０２１年の大河ドラマ『青天を衝《つ》け』（ＮＨＫ）の主人公で、２０２４年7月から新１万円札の顔となる渋沢栄一ではないでしょうか。実業家として約500の会社を設立、約600の社会公共事業に関わった渋沢栄一は、「近代日本経済の父」と呼ばれます。

そんな渋沢栄一と関係深い神社を2社、お寺を1寺挙げます。

- 寶登山《ほどさん》神社（埼玉県秩父郡長瀞町《ながとろまち》）
- 七社《ななしゃ》神社（東京都北区）
- 浅草寺《せんそうじ》（東京都台東区《たいとうく》）

寶登山神社も秩父の狼信仰の神社で、**ミシュランガイド掲載の一つ星神社です。**

渋沢栄一は寶登山神社と所在地の長瀞町を、こう称《たた》えています。

「長瀞は天下の勝地《しょうち》」（勝地：景色の素晴らしい場所）

「寶登山は千古《せんこ》の霊場」（千古の霊場：大昔から神仏があらわれる場所）

寶登山神社にも戦争で関東にきたヤマトタケルの神話があります。巨犬の道案内で宝《ほ》登山《どさん》山頂に行く途中、火災に遭《あ》ったヤマトタケルは進むも退《の》くもできなくなりましたが、巨犬が火を消し止め、無事に頂上で祈りを捧《ささ》げられたとされます。

ヤマトタケルが登ったとされる宝《ほ》登山《どさん》山頂にある奥宮《おくみや》はまさに千古の霊場の雰囲気で、ロープウェイでも行けますから、みなさまに一度は訪れて欲しい神社です。

特に東京でお仕事をしたり、東京の会社や団体と取引をしている人にはおすすめです。というのも寶登山神社は荒川《あらかわ》の上流にある山の神社だからです。

荒川は埼玉から東京湾に流れ、下流の川幅は日本最大。**東京で物事の流れを起こしたり、流れに乗ったりするには、東京に流れる大きな川の上流にある山の社寺に行くとよいです。**

荒川の水源は秩父で、秩父の山にある寶登山神社や前述した三峯神社はこの条件によく当てはまります。

上流の山の社寺に参拝したら、次は下流の社寺に行くとよいです。下流域は人の多く住む都市が多いので、山の神様の威《い》が下流の都市にも届きます。ご自身の自宅が中流や下流域にあれば、ご自宅近くの社寺に参拝します。

渋沢栄一の場合、自宅は都内のパワースポット飛鳥山《あすかやま》公園の一角で、荒川と荒川から分岐《ぶんき》した隅田川《すみだがわ》の近くにありました。氏子だった神社は東京都北区の七社神社で、飛鳥山公園の隣です。渋沢は１８７９年よりこの飛鳥山にゲストを招く別宅《べったく》を構え、１９０１年から亡くなる１９３１年まで家族と過ごす本宅《ほんたく》としても使用しました。

また荒川の下流域に東京最古の寺院・浅草寺があり、渋沢栄一はその信徒総代で、関東大震災時の本堂復興に尽力しました。

寶登山神社（ないし三峯神社）と浅草寺の両方に参拝するのは、東京で活躍するのにベストマッチな組み合わせのひとつと言えるでしょう。

浅草寺は隅田川の近くにありますが、隅田川流域には他に待乳山《まっちやま》聖天《しょうでん》や今戸《いまど》神社、鳥越《とりこえ》神社、ブリヂストンの項で紹介した水天宮、深川不動堂などがあり、浅草寺の他の選択肢としてこれらの社寺もおすすめです。

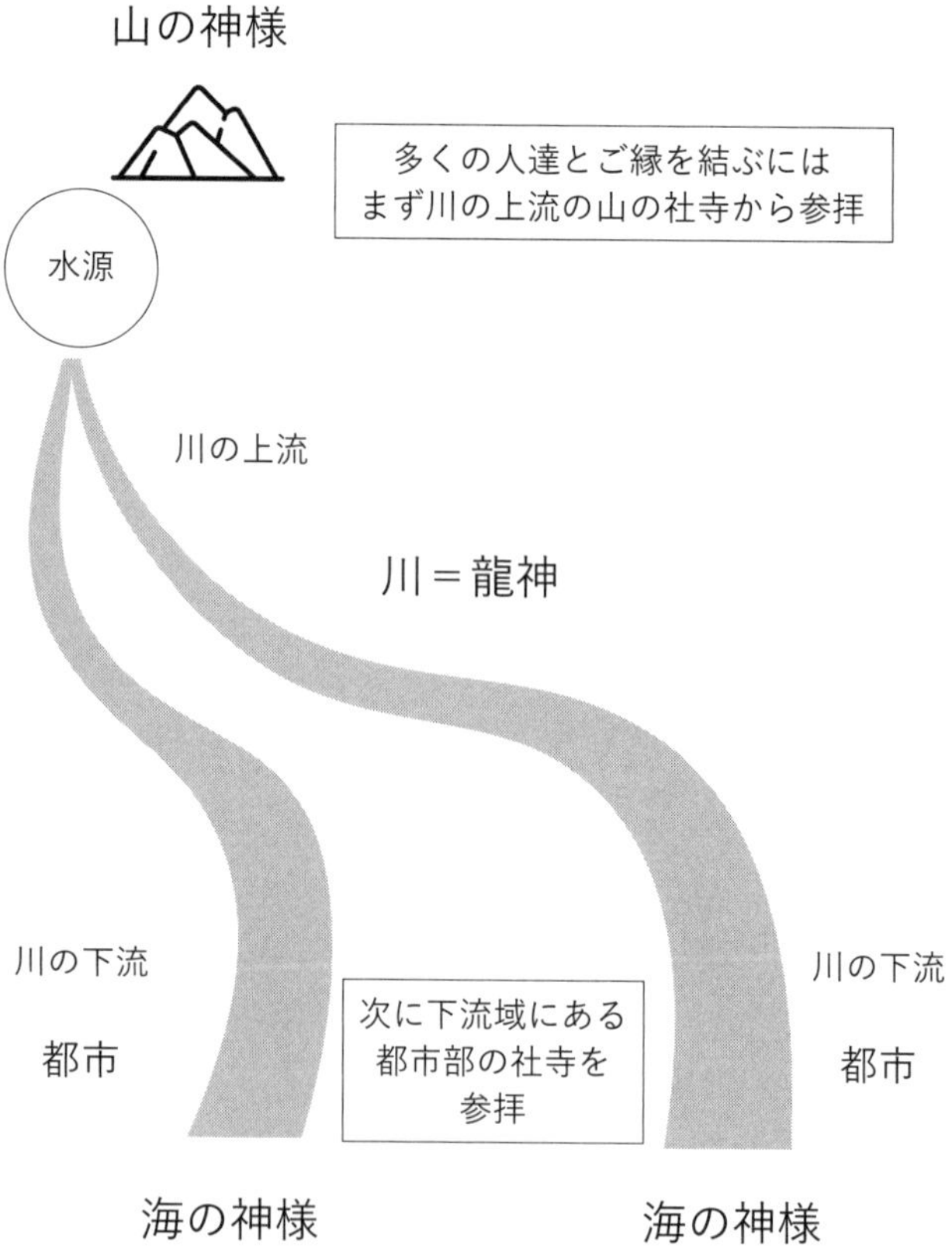
山の神様
多くの人達とご縁を結ぶには
まず川の上流の山の社寺から参拝
水源
川の上流
川＝龍神
川の下流
都市
次に下流域にある
都市部の社寺を
参拝
川の下流
都市
海の神様
海の神様

渋沢栄一の経営理念は、倫理と利益の両立で経済を発展させること。富は独占せず全体で共有することでした。その経営理念は、社寺参拝で自然につちかわれた人間への信頼や互恵性、利他の心、そして地域や国への愛に基づいたものと思われます。

猿田彦珈琲の由来になった起業家・先駆者のための神様

個人的な好みを語って恐縮ですが、私は伊勢神宮内宮《ないくう》近くの猿田彦《さるたひこ》神社（三重県伊勢市）を参拝すると、なぜか親しみがわいて、ご祭神のサルタヒコ様に対し親近感を抱きます。

それだけに「猿田彦」と書かれた缶コーヒーが気になっていました。「猿田彦珈琲《コーヒー》監修」と記されたジョージアの缶コーヒーです。

「猿田彦珈琲って何だろう？」と調べてみると、元俳優の大塚朝之《ともゆき》氏が２０１１年に東京恵比寿《えびす》で創業したスペシャルティコーヒーの専門店で、日本コカ・コーラのコーヒー

「ジョージア　ヨーロピアン」の監修をきっかけに知名度が大きく上がり、急成長を遂げたコーヒーチェーンでした。

店名・会社名は三重県伊勢市の猿田彦神社からいただいたとのこと。

ということは代表で創業者の大塚氏は猿田彦神社に篤い崇敬の思いがあったのだろうと思ったら、当初は特に思い入れがあった訳ではなく、最初お店をつくる時にロゴマークのデザインをつくった方が、ロゴだけでなく「猿田彦にしなさい」と名前も提案したそうです。まだ名前を決めていなかった大塚氏は、変わった名前だと戸惑《とまど》いながら、折角《せっかく》なのでとその名前を頂戴《ちょうだい》したのが経緯《けいい》です。

そうして「猿田彦珈琲」の名前で営業をしていたら、ある日、伊勢神宮内宮近くの猿田彦神社の宮司さんがお店にきて、「よかったら一緒にやりませんか?」と声をかけられ、以来、その日から、猿田彦神社公認の猿田彦珈琲になりました。

このように猿田彦珈琲のエピソードを聞くと、本当に偶然の連続です。

たまたま猿田彦の名が付き、たまたま猿田彦神社の宮司さんの目にとまり、そしてたまたま日本コカ・コーラと提携《ていけい》し急成長したのです。

もちろん良質なコーヒーと良質なサービス、明確な経営コンセプトなどの実力が基礎としてありますが、偶然の要素もかなり大きかったでしょう。

その偶然のひとつとして、猿田彦という神様のご利益は、猿田彦珈琲や創業者の大塚氏にあまりに当てはまるのです。

猿田彦は「道案内」「道開き」の神様とされ、先駆けて物事を始める、起業するなど、経営者やクリエイターに人気です。

『古事記』『日本書紀』の神話「天孫降臨」において、猿田彦は神様の住む天上界である高天原（たかまがはら）から降臨した天皇家の祖神ニニギノミコトを地上まで道案内します。『日本書紀』によると、鼻が長く、背は高く、赤く照り輝く姿で、天狗《てんぐ》に似ています。

地上へニニギノミコトら神々を案内した後、故郷・伊勢国の五十鈴川《いすずがわ》上流へと帰ったので伊勢の神様とされます。

猿田彦には「初代運」があり、徳川氏の始祖・徳川家康の産土神（うぶすながみ：生まれ故郷の神様）は愛知県岡崎市の六所《ろくしょ》神社で、猿田彦らが祭られています。

この岡崎市の六所神社の元になったのが愛知県豊田《とよた》市の六所神社。徳川氏の先祖である松平《まつだいら》氏の始祖・松平親氏《ちかうじ》の創建です。

徳川氏の初代と松平氏の初代は、猿田彦のご利益を得ているのです。

このように猿田彦には新しい道を切り開くご利益があり、コーヒーショップ業界で新たな道を切り開く猿田彦珈琲や創業者の大塚氏にピッタリでしょう。

また猿田彦は道ばたの神で外来の疫病や悪霊《あくりょう》を防ぐ道祖神《どうそしん》ともされますが、全国に広がっていくコーヒーチェーンはまさに現代の道祖神たりえます。

新たな道を切り開きたい方は、猿田彦の神社を参拝してください。いくつか猿田彦を祭る主な神社をリストアップします。

- 猿田神社（千葉県銚子《ちょうし》市）
- 椿大神社《つばきおおかみやしろ》（三重県鈴鹿《すずか》市）
- 猿田彦神社、二見《ふたみ》輿玉《おきたま》神社（三重県伊勢市）
- 白鬚《しらひげ》神社（滋賀県高島市）
- 佐太《さだ》神社（島根県松江市）
- 大麻比古《おおあさひこ》神社（徳島県鳴門《なると》市）
- 猿田彦神社（福岡市早良《さわら》区）
- 荒立《あらたて》神社（宮崎県西臼杵《にしうすき》郡高千穂町《たかちほちょう》）

規模や勢力を拡大するなら日本最大の神社ネットワーク

もし規模や勢力の拡大を望むなら、日本最大の神社ネットワークがおすすめです。

神社本庁に登録の神社は８万社近くありますが、中でも最も多くお祭りされているのが八幡神。八幡神とは第15代天皇の応神《おうじん》天皇のことで、母の神功《じんぐう》皇后や父の仲哀《ちゅうあい》天皇を含めることもあります。

以下、代表的な八幡宮・八幡神社を4社ご紹介します。

- 宇佐《うさ》神宮（大分《おおいた》県宇佐市）
- 石清水八幡宮（京都府八幡市）
- 鶴岡《つるがおか》八幡宮（神奈川県鎌倉市）
- 筥崎宮《はこざきぐう》（福岡市東区）

大分の宇佐神宮は八幡宮・八幡神社の総本宮《そうほんぐう》です。日本最大の八幡神ネットワークの大元《おおもと》で、奈良の大仏で知られる東大寺建立を後押しする神のお告げをして、全国区の有名神社になりました。八幡神は東大寺の守護神となり、出家して八幡《はちまん》大菩薩となります。神が出家して菩薩になったのです。

京都の石清水八幡宮は天皇家より特に崇敬され、伊勢神宮に次ぐ「国家第二の宗廟《そうびょう》」と位置付けられました。天皇陛下は毎年元旦の早朝に神々に祈りを捧げる「四方拝《しほうはい》」の儀式において、皇居より石清水八幡宮を遠隔参拝されます。

また平安時代、清和源氏《せいわげんじ》の源頼信《よりのぶ》により源氏の氏神《うじがみ》と定められ、源氏の勢力拡大とともに全国各地に八幡信仰が広がります。源義家《よしいえ》が石清水八幡宮前で元服《げんぷく》し、神名の「八幡太郎」を授かるなど、武家の守護神として敬われ、その後の歴代将軍や武将にもその信仰は受け継がれました。

鶴岡八幡宮は鎌倉幕府の初代将軍である源頼朝が鎌倉武士の守護神として建立し、八幡宮・八幡神社の中で現在最も参拝客が多い人気神社です。初詣の参拝者数では、関東の神社だと明治神宮に次ぐ多さで、全国の神社でもベスト5に入ります。

筥崎宮は、モンゴル帝国とその属国の高麗《こうらい》が日本侵略のため2度にわたって博多《はかた》に来襲《らいしゅう》した「元寇《げんこう》」の際、亀山《かめやま》上皇が「敵国降伏」を祈願した神社です。今も筥崎宮の神門に「敵国降伏」の額《がく》が掲げられ、初めて見た時は少しギョッとしました。

以来、勝利の神・海外防護の神として篤く信仰され、プロ野球の福岡ソフトバンクホークスやJリーグのアビスパ福岡、プロバスケのライジングゼファー福岡などが毎年必勝祈願をおこなっています。

奈良時代以降、常に権力の中枢《ちゅうすう》にあり続けた八幡神は、規模や勢力拡大に最も頼りになる神様と言えるでしょう。シビアな権力闘争をされる方には特におすすめです。

前述の4社以外の八幡宮・八幡神社でも、八幡神ネットワークのご利益を授かれます。ただ、より大きな八幡宮・八幡神社の方が勢力拡大には適しているかと思います。

海外進出で「巨額の資産」を築くための三女神

海に囲まれた日本は、海外との取引や交流で巨額の資産を築きました。**日本に最も利益をもたらす海外事業の中心的神様が宗像三女神（むなかたさんじょしん）です。**

アマテラスとスサノオ姉弟《してい》が「誓約」した際に生まれた3柱の女神で、スサノオの剣《つるぎ》から生まれました。

そしてもう一方のアマテラスの勾玉《まがたま》から生まれた5柱の男神は、天皇家の祖や出雲大社宮司家の祖などになります。

宗像三女神は海上交通の守護神で、日本と北東アジアを結ぶ玄界灘《げんかいなだ》の島に祭られました。朝鮮半島までの航路に三女神がおり、沖ノ島の沖津宮《おきつみや》に田心姫（たごりひめ）、筑前《ちくぜん》大島《おおしま》の中津宮《なかつみや》に湍津姫（たぎつひめ）、陸に上がって宗像田島の辺津宮《へつみや》に市杵島姫（いちきしまひめ）がお祭りされています。これら三つの宮が世界遺産に登録されている宗像大社（福岡県宗像市）です。

古くは4世紀後半頃より沖ノ島で海外渡航の国家祭祀が始まり、遣隋使《けんずいし》・遣唐使派遣の際にも宗像大社で航海安全を祈る大規模な国家祭祀がおこなわれています。遣唐使の廃止以降も宗像三女神は有力者に人気で、日本で初の武家政権をつくった平清盛《きよもり》は、宗像三女神を祭る厳島《いつくしま》神社（広島県廿日市《はつかいち》市）を特に信仰し、海上に建つ華麗な社殿を造営しました。

平清盛は父の代から海外ビジネスが得意で、日宋《にっそう》貿易を発展させて巨額の富を得ます。海外貿易の拠点とした博多や神戸は栄え、また宋銭《そうせん》の輸入で経済が活性化（現代で言う大規模な金融緩和政策）。貨幣経済が根付きました。

このように日本経済の発展や活性化に大いに貢献した宗像三女神ですが、第2次世界大戦が始まる頃には荒廃《こうはい》していたようで、戦争と敗戦でさらに寂《さび》れます。そこにあらわれたのが日本の三大石油会社のひとつとして知られる出光《いでみつ》興産の創業者・出光佐三《さぞう》で、宗像大社の復興に大きく貢献し、出光社内の事務所や製油所にも宗像三女神をお祭りしました。

出光が世界をおどろかせた「日章丸《にっしょうまる》事件」をご存じでしょうか？　出光興産のタンカー「日章丸」が、経済制裁などで国際的に孤立していたイランから、世界で初めて石油を直輸入した歴史的事件です。

当時、イギリスの国際石油資本が石油資源を独占する中、国際的に無名な中小企業の船が、イギリス海軍の海上封鎖を突破し、イランから石油を日本に運んだのです。

国際石油資本の独占に風穴をあけたことで、その後、日本は産油国と直接取引ができるようになり、イランは親日国になりました。

このイランからの石油直輸入で、出光佐三とイランを仲介したのが、同じ福岡県民のブリヂストン創業者・石橋正二郎でした。あたかも宗像大社の神様に水天宮の神様が協力した神々の共同作業のようですね。

ただお金もうけだけが目的で、国家を後《うし》ろ盾《だて》に石油産業を独占する国際資本に喧嘩《けんか》が売れるでしょうか？　**出光佐三も石橋正二郎も、人間への信頼や互恵性、利他の心、そして地域や国への愛に基づく貢献がビジネスの根本にあるようです。**

国際的な活躍を後押しする宗像三女神をお祭りする神社は、宗像大社、厳島神社の他に、江の島の江島《えのしま》神社（神奈川県藤沢市）や青森市の善知鳥《うとう》神社などがあります。

海外から情報や技術、資源などを得たい方は、ぜひご参拝ください。

第4章

ビジネスのご縁結びをサポートする神社

【神様は人生の大先輩】先人の知恵をダウンロードする

ある武道家の話です。仮にMさんとします。

Mさんは合気道《あいきどう》の師範《しはん》で、ある出来事がきっかけで3年間、合気道の稽古《けいこ》をあまりしませんでした。代わりに、全国各地の神社に参拝していました。

なぜそんな事をされたかはさておき、その後3年ぶりに他の師範たちとの稽古の場に出た時のことです。

「3年も稽古してないし、他の人たちに、やられちゃうだろうな」

そう思っていたMさんでしたが、意外なことに、逆に他の師範たちがおどろくほど上手《じょうず》になっていました。

そのあまりの上達ぶりに「Mさん！　いったいどんな稽古をされたのですか？」と、他の師範たちは、熱心に質問してきます。

Mさんはこう答えるしかありませんでした。

「神社に参拝していました」と。

いったい何が起こったのでしょうか？

社寺参拝の効果は、参拝者や近隣住民のいい部分を「知る」ことでした。その結果、参拝者は他の参拝者に敬いの精神を持つことで、知恵やセンスなど形のない精神的なものを学び受け取ります。参拝者には故人であるご先祖さまも含みます。

Mさんは、**たくさん神社参拝したことで、先人たちの武道の知恵やセンスをダウンロードした**と考えられます。

現に日本の武道において、神社参拝で極意《ごくい》をつかんで流派を立ち上げる人は珍しくありません。むしろ普通の話です。

以下、筑波《つくば》大学大学院体育系の酒井利信《としのぶ》教授が書いた原著論文より例をあげます。

兵法《ひょうほう》3大源流のうちの2つ「陰流《かげりゅう》」と「神道流」は、神社で長く祈り続ける中で、夢で神様より極意を得たと記録されているのです。

- 愛洲移香《あいすいこう》（愛洲陰流）　鵜戸《うど》神宮の洞窟にこもり兵法を得る
- 飯篠家直《いいざさいえなお》（天真正伝香取神道流《てんしんしょうでんかとり》）　鹿島《かしま》神宮・香取神宮に千日祈願して神伝を得る
- 塚原卜伝《ぼくでん》（鹿島新當流《しんとう》）　鹿島神宮の千日祈願で「鹿島の太刀《たち》」の新たな神託を得る
- 上泉信綱《かみいずみのぶつな》（新陰流《しんかげ》）　下鴨《しもがも》神社にこもり霊夢《れいむ》で義経《よしつね》奉納の伝書を得る

（酒井利信「剣術の参籠開眼における夢について」身体運動文化研究11（1）、2004年より）

達人が獲得した武道の極意について、私ごときが語れませんが、この「語れない」は重要な特徴です。知識や知恵には「言葉にできないこと」があり、言葉にできない熟練の知識や知恵を哲学用語で「暗黙知《あんもくち》」と言います。

武道の達人が夢や神託で得たような極意は「暗黙知の中の暗黙知」です。

暗黙知を伝える方法は、言語化して語れる知識に変換するのが一般的に思います。例えば業務プロセスや手順の明確化など、知識を「見える化」するのです。

しかしナレッジマネジメントの元祖とされる野中郁次郎《いくじろう》氏（一橋大学名誉教授）は、新たな知識が創造される始まりは、暗黙知が言語化されずに見えないまま伝わることからだとしています。例えば、先輩と後輩が共同作業や飲食を共にするなど、体験を共有することにより、後輩は理屈ではなく体で先輩の技や勘《かん》を吸収します。

この野中氏の知識創造プロセスを、武道の達人が極意を得た体験に当てはめると、極意という新たな知識の創造は、武道の先輩と共同体験をたくさん重ねて生まれたと考えられます。

この先輩こそご先祖さまである神社の神様です。

神社の洞窟にこもり千日祈願をすることは、人生の大先輩である神様との共同体験。神様の暗黙知が達人に伝わり、武道の極意が創造されたと解釈できます。

神社が人生の大先輩が持つ言葉にできない知識や知恵を吸収できる場だと思ったら、より参拝も意義深くなることでしょう。

神社には、「時を超えた知の継承装置」としての役割があるようです。

お寺の場合、僧侶や経典が「知の継承装置」の役割を果たします。ただ、日本では神仏習合といって神道と仏教が混ざった期間が長く、お寺の中に神社や鳥居があるなど、神社とお寺のハイブリッドのようなお寺も多いです。

お手本にしたい人や企業が参拝する社寺に行く

「私が死んだら岩間《いわま》に行け。岩間には全てを残してある」

合気道の開祖・植芝盛平《うえしばもりへい》は茨城県笠間《かさま》市の岩間の地に移り住んで合気道を完成させ、こんな言葉を残されたそうです。

合気道は開祖が日本の神々や龍神から神示《しんじ》を受けてつくられた神人合一《しんじんごういつ》（神と人とが一体になる）の武道とされます。

植芝盛平は岩間を「合気道の産屋《うぶや》」と称し、合氣《あいき》神社を建立しました。

神社には、「時を超えた知の継承装置」の役割があると申し上げました。だとすれば「私が死んだら岩間に行け。岩間には全てを残してある」という少し謎めいた言葉の意味も分かります。

ファンタジーの一種に聞こえるかもしれませんが、ご先祖さまとなった開祖の暗黙知はすべて合氣神社や岩間の道場に残されており、開祖は死んでも見えない知恵は残ることを自覚し、意識的に残していかれたと考えられます。

このように**神社でご先祖さまの知恵を受け取れるとしたら、お手本にしたい人たちが参拝した神社に行くのがいい**と考えられます。

神社には、一般の地域住民から歴史に名を残す偉人まで、ケガレの祓われた素直な祈りや想いが目に見えない形で残されています。

武道や茶道、華道などの技芸は技を奉納することで残されると考えられます。奉納演武や奉納演奏により、磨き上げたおのれの技を神様の前でお披露目《ひろめ》すると、その技の暗黙知も神様の暗黙知になって、後世の人たちに技の知恵が継承されていくのでしょう。

金銭や物品を神様にお納めするのと同じように、技や知恵をお納めしたわけですね。

あなたや私の祈りや想いや技や知恵が、目に見えない神様の知恵やセンスとなり、我々もある意味で神様の一部になるようです。

なので、お手本にする人は、何も有名人に限りません。**たとえ無名でも「この人、素敵だな」「尊敬できるな」と思える方が行く社寺への参拝がおすすめ**です。あるいは**「この会社いいな」「この団体の活動、素晴らしいな」と思える企業や非営利団体の人たちが恒例行事で参拝する社寺に行くのもいいですね。**その人たちの知恵やセンスを少しでも受け取れると思います。

また、お手本にしたい人たちを「一緒にあの神社（寺）に行かないか？」と誘ってみるのもありです。

こちらに「この人から学ぼう」という下心《したごころ》（？）があるわけですが、向上心のあらわれですし、仮に不純な動機だったとしても、神社に参拝すれば、不純な部分は祓われてしまうので、「いい学び」になるか「何も起こらないか」です。

逆に自分自身の暗黙知を誰かに伝えたいならば、自身がよく行く社寺にその誰かを誘うのもいいですね。合気道開祖の「私が死んだら岩間に行け」のように。

仮に不純な動機があっても、同じく神社参拝で不純な部分は祓われ、「いい学び」になるか「何も起こらないか」です。

【みなさん必読】お店や自宅の四方八方にある社寺を参拝

「運営するお店の気をよくしたい」

「自宅の気をよくしたい」

そんな人は必読の項目です。自宅の気をよくしたい人は、ほぼ全員でしょうから、「みなさん必読」です。

また、お店の場合、気がよくなると売上や店舗管理にいい変化が起こったり、いい調子を維持できたりすることでしょう。

やり方はかんたん、かつ単純です。

お店や自宅周辺の社寺に参拝すればいいのです。

ただ、ひとつやり方があって、それはお店や自宅を囲むように、最低3カ所以上に参拝します。どこの3カ所でもいいわけではありません。**3カ所を線で結ぶと三角形になりますが、この三角形で自宅やお店を囲める社寺に参拝するのです。**

4カ所の社寺だと、4カ所を線で結ぶと四角形になり、この四角形で自宅やお店を囲める社寺に参拝します。

5カ所でも6カ所でも、もっと多くの社寺でもいいのですが、とにかく囲むように参拝するのがポイントです。

左ページの図では神社で囲んでいますが、神社で囲むのがよいと思います。加えて、補強する形でお寺に参拝したり、公園を散歩したりするとなおいいでしょう。

四方と言わず、八方を囲んでしまえば完璧でしょう。

ただ、そんなにたくさんの社寺が近くにないことも多いでしょうから、最低3カ所、

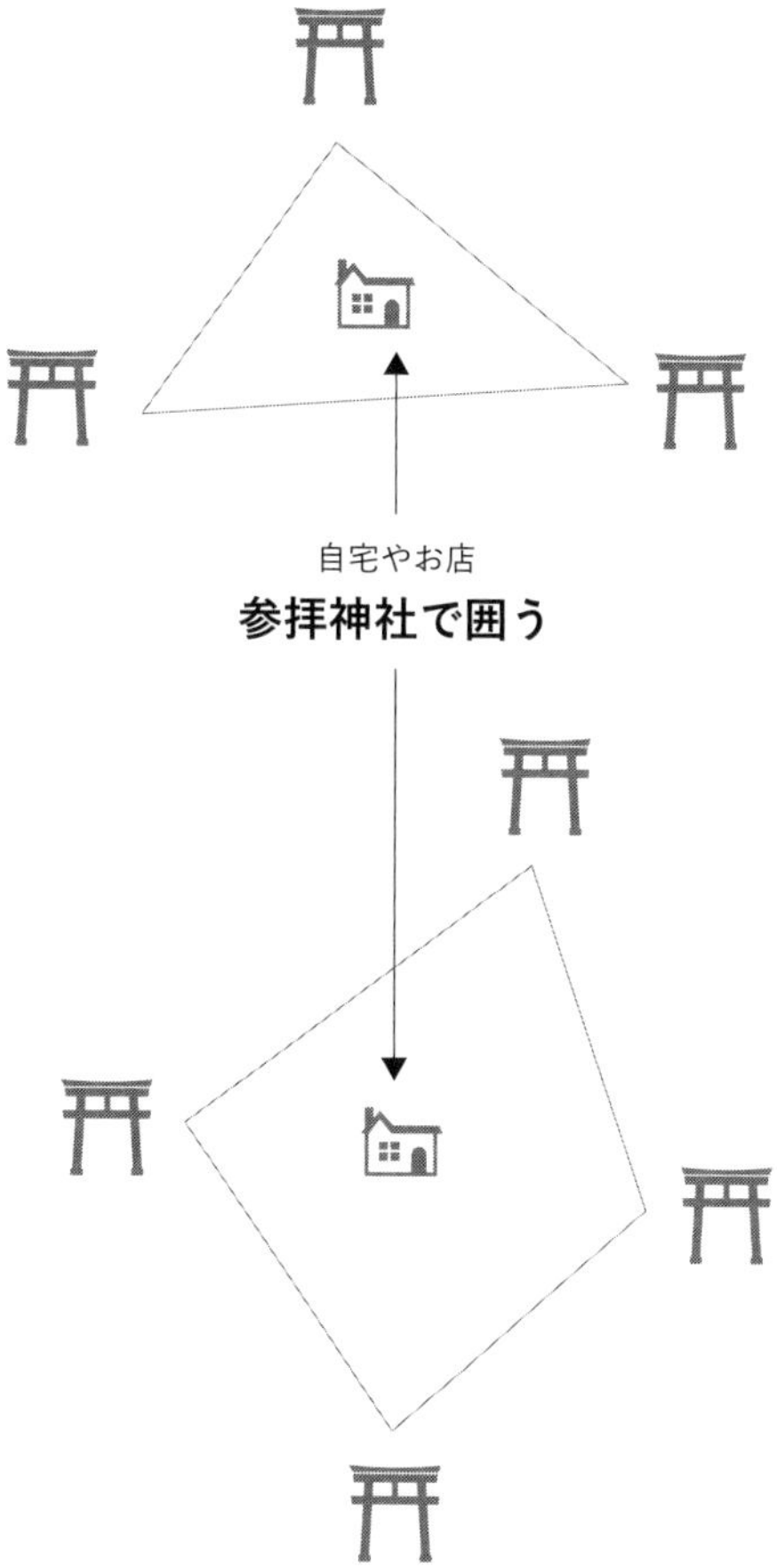
自宅やお店
参拝神社で囲う

基本4カ所参拝するといいですね。四角は安定します。

3カ所から4カ所だと、ちょっと漏《も》れが出る可能性もあり、この方角の社寺だけは参拝しておいて、という場所があります。

それが北東の方角。鬼門《きもん》といって、伝統的に鬼（邪気《じゃき》など不吉なもの）が入ってくる方角とされます。

念のためにお店・自宅の北東方面で最も近い社寺に参拝しておくといいでしょう。

このお店や自宅を囲う社寺参拝をする時に、ひとつ注意点があります。

「参拝時にお店や自宅の住所を念じてください」

どこの場所を囲うのか、神仏の前で明確に念じることを提案します。

手を合わせて祈る時に、「どこどこにお店を構える◯◯△△です」「どこどこに住む◯◯△△です」と住所と氏名を念じます。場所が分からないと囲えないので、どこの場所を囲うのか、祈る時に念じるのです。

お店（自宅）を囲う祈りで大事なのは自分の意思です。これは「呪術《じゅじゅつ》」（まじない）なので、自分自身の明確な意思や意図が大事です。

もうひとつ大事なことは、このような囲う祈りをして「安心すること」です。

安心するために必要な心構えとして、お店（自宅）の住所を念じ「なくてはいけない！」と思わないこと。義務や規則と捉えないのです。

神道には教祖・教典・教義はなく、絶対の義務も規則も存在しません。自然にいればいいのです。住所を念じ忘れても、「神様はきっと分かっているよ！　参拝はちゃんとしたのだし」と楽に構えていればいいですし、もちろん「もう1度行くか」と参拝しなおすのもありです。

本書に書いてあることも他の誰かが言うことも「こうしなきゃいけない！」「こういう参拝をしてはいけない！」と義務や規則のように捉えると、「ちゃんとできているかな？」とかえって不安になったり、「あんな参拝をする人はダメだ」と他人を否定・批

判したりします。それでは神社参拝する意味がなく、むしろ逆効果でしょう。

礼儀や行儀はありますが、自由で柔軟な場が神社です。

難しいことはありません。力を抜いて普通にご参拝ください。

ビジネスの潮目を読み「いいとこ取り」をする神様

「東の方に美しい土地がある」

九州にいた天照大神の子孫は、塩土老翁（しおつちのおじ）なる存在に助言されて、大和《やまと》（奈良）に進出して日本国を建国。初代天皇に即位しました。神武天皇です。

神武天皇の祖父ホオリが兄から責められ困っていた時も、シオツチノオジは事情を聞き、竹林の竹から竹籠《たけかご》をつくってホオリを乗せ、潮路《しおじ》に乗って進めば海神の宮（龍宮）に着くから、あとは海神がいいようにしてくれると告げました。

実際、いいようになって、ホオリは海神の娘（龍宮の王女トヨタマヒメ）と結婚し、海神の助力で兄との争いに勝利しました。有力者を味方につけたことで一族の後継者争いに勝ったのです。この神話は「浦島太郎」の話と似た点が多いですね。

このように時代を動かす提言や支援をしたシオツチノオジは、軍神のごとく情勢を読んで大戦略を示し、天皇家の祖先を有力者や価値の高い場所につなぎました。

シオツチノオジは製塩の神様とされます。

ただ、神話に基づくと「しお」は「潮」で、「潮路」（しおじ）の神様、潮の流れを司《つかさど》る神様に見えます。しおのおじいちゃんで、「しおじい＝潮路」ですね。

潮は海の関係だけでなく、ビジネス用語にもなります。物事が流れる方向や情勢が変化する境目《さかいめ》を「潮目《しおめ》」といい、シオツチノオジはこの潮目を読むはたらきを神話でおこないました。

物事の潮目を読み、状況にあった最適な戦略をみちびくのが「塩土老翁（しおつちのお

じ)」**のご利益と言えるでしょう。**

私がシオツチノオジは潮目の神様だと気づいたのは、最も格式高く有名な神社が、宮城県塩釜港《しおがま》そばの鹽竈《しおがま》神社だからです。

この辺《あた》りの海域は、暖流の黒潮と寒流の親潮《おやしお》という2つの海流がぶつかる「潮目」。**潮目は、暖流の魚も寒流の魚もとれる「いいとこ取り」の漁場です。**

この鹽竈神社を中心に、シオツチノオジは海の港近くに神社があります。

- 船魂《ふなだま》神社(北海道函館《はこだて》市)
- 鹽竈神社(宮城県塩竈《しおがま》市)
- 開口《あぐち》神社(大阪府堺市堺区)
- 青島神社(宮崎県宮崎市)

これら4社は海上交通や貿易の重要拠点にあり、世の中の流れをつかむのに適した場

塩土老翁（シオツチノオジ）を祭る主だった神社は
潮目を中心に海の近くにある

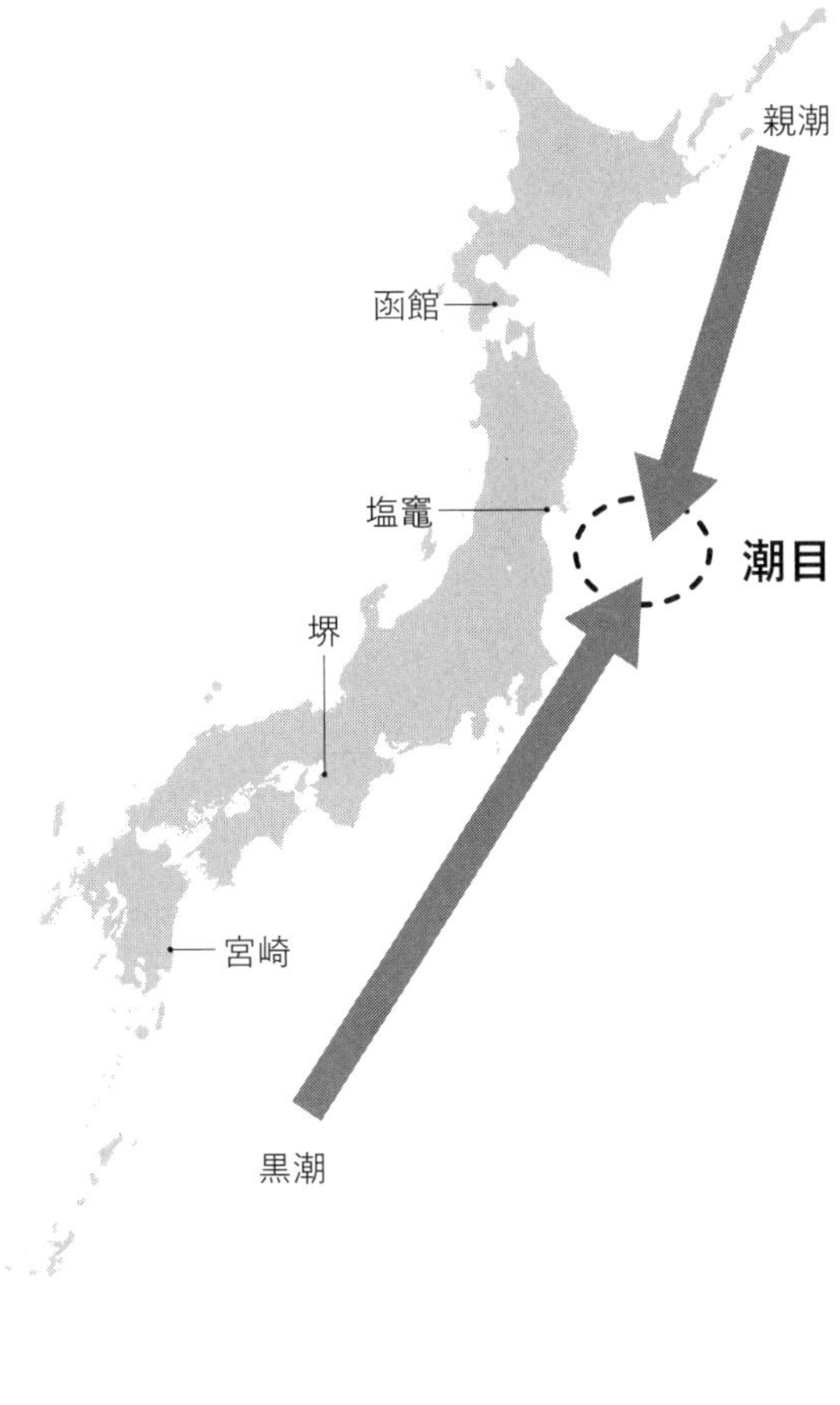

所です。

日本最初の国際貿易港のひとつ函館の船魂神社は北海道最古の神社です。

鹽竈神社は青森・岩手・宮城・福島県に秋田県の一部を加えた陸奥国《むつのくに》で最も格式高い一宮で、全国にある鹽竈（塩釜）神社の総本社になります。

開口神社は国際貿易都市として中世に栄えた堺の神社で、神功皇后の神託により大阪市の住吉大社と同時期に創建されました。

青島神社は熱帯・亜熱帯植物の群生地である青島のほぼ中央に鎮座《ちんざ》し、龍宮より帰還したホオリが妻となった海神の娘トヨタマヒメと住んだ場所とされます。明治になって皇族がよく訪れ、昭和の新婚旅行ブームでは定番の観光地でした。

このように交通、経済、レジャーの要所にあるシオツチノオジの神社を参拝すれば、世の流れをつかむ様々な情報が知らぬ間にダウンロードされることでしょう。そしてその見えない情報は、あなたの危機や課題を解決する糸口になるかもしれませんね。

東京のビジネスパーソンがご縁を結ぶべき2社

日本で最も人口の多い東京23区は、国内で最も多くの人がご縁を結ぶ地域です。そんな東京23区に本社のある企業の多くが氏子になる神社が、次の２社です。

- 神田神社（東京都千代田区）
- 日枝《ひえ》神社（東京都千代田区）

東京23区でビジネスをするなら、この２社とのご縁結びは外せません。

神田神社についてはすでに少し触れましたが、通称・神田明神。かつては江戸全体の守護神「江戸総鎮守《そうちんじゅ》」でした。現在は神田、日本橋《にほんばし》（日本橋川以北）、秋葉原《あきはばら》、大手町、丸の内、旧神田市場・築地魚市場《つきじうおいちば》など１０８町内会全体の守護神（総氏神）です。

神田明神のご祭神は次の3柱になります。

- 一ノ宮：大己貴命（おおなむちのみこと）　だいこく様
- 二ノ宮：少彦名命（すくなひこなのみこと）　えびす様
- 三ノ宮：平将門命（たいらのまさかどのみこと）　まさかど様

神田神社のご利益は勝負運、厄除《やくよけ》、仕事運、商売繁盛、縁結びなど。また秋葉原の守護神であることから「ＩＴ情報安全守護」のお守りを提供するなど、時代の変化に積極対応しているのも特徴です。

ビジネスパーソンにおすすめなのはもちろんのこと、先端技術の研究開発に取り組む人、オタク文化を愛する人にもおすすめです。

三菱財閥の創始者・岩崎弥太郎《やたろう》と弥之助兄弟は、１８７４年、神田神社そばに自宅と三菱の本社を構え、事業は大きく拡大しました。

日枝神社は政治のまち永田町にあり、通称で赤坂日枝神社と呼ぶ人も多いです。

戦国時代の初期、太田道灌《どうかん》が江戸城築城の際に、川越《かわごえ》日枝神社の分霊を迎えたことに始まります。徳川家康が本拠地を江戸に移すと、江戸城の守護神としました。その後、江戸時代になり、江戸城は将軍の居城《きょじょう》と幕府の政庁を兼ね、明治維新後は天皇が江戸城にお移りになられたため皇居となりました。

江戸幕府では将軍住居の守護神、今は天皇住居の守護神が、日枝神社の神様です。

主祭神の名は大山咋神（おおやまくいのかみ）。大きな山の神をあらわし、『古事記』では、近江国《おうみのくに》の日枝山《ひえのやま》、現在の比叡山《ひえいざん》に鎮座したとされます。日枝山の神様だから日枝神社というわけですね。

永田町の日枝神社の特徴は、首相官邸や国会議事堂、中央官庁が近くに存在し、国会議員や官僚がよく参拝していること。公共事業のような国家関係のお仕事をするビジネスパーソンには特におすすめします。

運命が一変する！　鎌倉殿が敬愛した2社

「なぜ辺境に追放された源頼朝がどん底から武士の頂点に立てたのか？」

「ただの田舎《いなか》の小役人《こやくにん》で、たまたま頼朝公の追放先にいて監視役を命じられただけの北《ほう》条《じょう》氏が、なぜ鎌倉時代の覇者《はしゃ》になって130年間天下を支配し続けたのか？」

罪人《ざいにん》から大逆転で征夷大将軍《せいいたいしょうぐん》になり鎌倉幕府を創設した源頼朝公と、田舎の小役人から、たまたまめぐりあわせで天下人《てんかびと》に成り上がった北条氏が信仰した2つの神社の話をします。当時はお寺に神様が祭られたので、2つのお寺と言うべきでしょうか。

両社は、関東総鎮守、関八州総鎮護《かんはっしゅうそうちんご》と呼ばれる関東全体を守護する神社です。

父が平氏《へいし》との戦い「平治《へいじ》の乱」に敗れた14才の少年・源頼朝は、死刑が確実視される中、有力者の助命嘆願《たんがん》で伊豆《いず》に流罪《るざい》ですみます。そして20年後の旗揚げまで、どん底の頼朝が篤く信仰したのが次の2社でした。

●伊豆山《いずさん》神社（静岡県熱海市）　関八州総鎮護
●箱根神社（神奈川県足柄下《あしがらしも》郡箱根町）　関東総鎮守

どちらも神仏習合の山の神です。

伊豆山神社がもともとあった日金山《ひがねさん》の神様は走湯《そうとう》権現もしくは伊豆山権現と呼ばれ、箱根神社のある箱根山《やま》の神様は箱根権現です。鎌倉幕府が創設されると、両社は「二所《にしょ》権現」と称され、関東の武士から特に篤く信仰されました。

明治時代に政府は神と仏を明確に分ける「神仏分離令」を発令して、伊豆山権現も箱根権現も『古事記』にある神様へと変更を求められました。

伊豆山神社のご祭神4柱のうち3柱は父母子で、『古事記』に記された父の神様の名は正勝吾勝勝速日天之忍穂耳命（まさかつあかつかちはやひあめのおしほみみのみこと）。略してアメノオシホミミです。

長すぎる！　と突っ込みたくなりますが、天照大神の長男で、天皇の祖神。天照大神と賭《か》けたスサノオが賭けに勝って出た「勝った！」と叫ぶ勝ち名乗りが「正勝・吾勝・勝速日」（まさに勝った・私が勝った・勝つこと日の昇るがごとく速い）。両神の賭けで生まれた勝利の神です。

勝利の神と言いつつ、神話では勝負しません。アメノオシホミミは地上へ降臨して統治するよう2度も命《めい》が下《くだ》るのですが、1度目は物騒《ぶっそう》だと途中で引き返し、2度目は自身の息子を推薦し断ります。

そんな勝負しない神様の伊豆山神社の僧侶と協力し、20年間おとなしかった頼朝公は兵を集め戦い始めました。

「勝負から逃げた神様 → 逃げずに立ち向かうご利益」です。

逃げた神様だから、人へのご利益は逆転して、立ち向かうと解釈できます。

同じことは北条一族にも言えて、北条政子《まさこ》は伊豆の最有力者である代官と婚約しましたが、婚約者の屋敷から脱走し、ほれていた頼朝公の元へ駆け落ち。伊豆山神社にふたりはかくまわれ、田舎の小役人にすぎない政子の父・北条時政《ときまさ》は政権に敵対して頼朝公の後援者になる覚悟を決めたのです。無茶すぎる決断ですね。

アメノオシホミミを祭る神社は、このように運命を一変させるお力を発揮します。

私が知る身近な事例では、出会いがない中年男性に素敵な女性が突然あらわれ結婚する。何の実績もない人に突然出版のオファーがきて、詐欺《さぎ》的な話ではなく適正にギャラも支払われるなど。

参考までにアメノオシホミミを祭る他地域の神社も記します。

●阿賀《あが》神社：通称・太郎坊宮《たろうぼうぐう》（滋賀県東近江市）
●日割御子《ひさきみこ》神社（愛知県名古屋市熱田《あつた》区の熱田神宮境内）
●英彦山《ひこさん》神宮（福岡県田川郡添田町《そえだまち》）
●西寒多《ささむた》神社（大分県大分市）
●天手長男《あめのてながお》神社（長崎県壱岐市）

箱根神社のご祭神3柱もまた父母子で、父の神様の名はニニギノミコト。天照大神の孫神で、アメノオシホミミの子なので、伊豆山神社にも祭られています。

天照大神より「三大神勅《しんちょく》」（神勅：神の与えた使命）を授かり、使命を果たすべく、地上に降臨しました。この三大神勅は今に続く天皇陛下の使命で、次の3つです。

①日本国の王となって治める
②天照大神の鏡を天照大神のごとく祭り、同じ家で一緒に寝る
③稲穂《いなほ》を育て国を繁栄させる

ニニギノミコトのご利益は素直に「三大神勅」そのもので、さすがに変更はしにくいです。すなわち、国を治めるのを助け、天照大神を崇敬し、国の繁栄を助けるということです。

箱根神社は、源頼朝公や北条一族以外にも多くの有力武将や政治家、著名なスポーツ選手、芸能人などに信仰されています。

関東で広く活躍したい方は、ぜひ箱根神社と伊豆山神社に足をお運びください。

古代京都でイノベーションを起こした秦一族の社寺

秦《しん》の始皇帝の子孫と称し、聖徳太子のブレーンで、養蚕《ようさん》、機織《はたおり》、酒造、土木、治水、鍛治《かじ》、銅鉱山採掘など海外の様々な技術を広め、平安京や長岡京《ながおかきょう》をつくった謎多き一族がいました。秦氏《はたし》と言います。

機織、畑作《はたさく》、旗など「はた」の付く物事に関係し、また秦野市《はだのし》（神奈川県）、幡ケ谷《はたがや》（東京都渋谷区）など「はた」の付く地名、羽田、畑、八田、波多野など「はた」の付く苗字とも関係があるとされます。

第80代総理大臣の羽田孜《はたつとむ》氏は「先祖は始皇帝で秦氏の末裔」と称し、１９３７年に孜氏の父・羽田武嗣郎《ぶしろう》氏が衆議院議員に当選して以来、２０２４年の今なお国会議員を輩出し続ける政治家一族です。

本書で秦氏について特筆すべきところは、有名な社寺をいくつも創建している点です。秦氏の本拠地であった京都の秦氏が関わる社寺をご紹介します。

【秦氏が創建した京都の社寺】

- 広隆寺（京都市右京区）
- 木嶋坐天照御魂神社《このしまにますあまてるみたま》：通称・蚕ノ社《かいこやしろ》（京都市右京区）
- 伏見稲荷大社（京都市伏見区）
- 松尾大社（京都市西京区《にしきょう》）

さらに八幡神も秦氏の神様だというのですから、秦氏が神社界の大元と思うほどの影響力の大きさです。

八幡は音読みで「はちまん」と読むことが現在は多いですが、もとは神功皇后が祭った「八つの旗」からきていて、訓読みで「やはた」です。

京都に話を戻すと、推古《すいこ》天皇の時代に秦河勝《かわかつ》が建立した広隆寺は京都最古の寺院で、本尊《ほんぞん》は聖徳太子。国宝彫刻第1号の弥勒《みろく》菩薩半跏《はんか》思惟《しい》像は日本を代表する仏像です。場所は京都市右京区の太秦《うずまさ》にありますが、太「秦」と書くくらいですから、秦氏と関係が深い場所です。

日本仏教の開祖・聖徳太子は非実在説もあり、虚像も多そうですが、秦氏が聖徳太子信仰をつくったと思われます。

太秦には、珍しい三柱《みはしら》鳥居で知られる木嶋坐天照御魂神社、通称・蚕ノ社もあります。古くから祈雨《きう》の神として信仰された京都市最古級の神社です。

養蚕の秦氏らしく境内には織物の始祖を祭る蚕養《こかい》神社があります。

三井財閥の大元である呉服商の三井家も信仰し、三井家祖先を祭るお社も一時期あったのですが、現在は東京日本橋の三越本店屋上にある三囲《みめぐり》神社に移されています。

京都太秦の社寺は芸能界に関わる人にもおすすめです。

秦河勝は申楽《さるがく》や能楽の創始者ですが、申楽の始まりは「物まね」でした。他にも軽業《かるわざ》や手品、曲芸、歌舞音曲などの芸能が含まれ、まさに芸能の元祖です。

太秦映画村があるくらいですから、**太秦の地には芸能ビジネスが発展する目に見えない知恵がある**のでしょう。

伏見稲荷大社は全国に3万社以上あるお稲荷さんの総本宮で、単純にお社の数なら八幡神より多く日本一です。

700年代前半、今の京都市伏見区深草で裕福に暮らしていた秦伊侶具《いろぐ》が稲に宿る農耕の神を祭るため創建しました。稲が成るでイナリです。

平安仏教のスター弘法大師《こうぼうだいし》・空海は伏見稲荷大社と特に関係が深く、空海が開祖の真《しん》言宗《ごんしゅう》総本山・東寺《とうじ》の建設では、伏見の稲荷山より木材を調達しました。東寺の守護神となって伏見稲荷は真言宗と共に拡大し、日本有数の有名神社になったのです。

伏見稲荷大社と並んで有名な秦氏の神社が京都嵐山《あらしやま》の松尾大社です。京都最古級の神社で、大山咋神（おおやまくいのかみ）がお祭りされています。

大山咋神の意味は大きな山の主でしたが、松尾大社のご神体は松尾山《まつおやま》で、松尾山の神が秦氏の氏神《うじがみ》（一族の神）です。「東の厳神《げんしん》、西の猛霊《もうれい》」といって、東は賀茂《かも》氏の氏神である下鴨・上賀茂《かみがも》神社、西は秦氏の氏神である松尾大社が平安京を守る2大守護神です。松尾大社の大山咋神は酒造の神でもあり、秦氏が酒造の技術を持っていたからだと思われます。

このように京都は秦氏が根っこに関わっており、中でも伏見稲荷大社と松尾大社は、秦氏の子孫が明治維新までは代々神職になり、特に関わりが深いと言えるでしょう。

秦氏が崇めた京都の聖地は、稲荷山、松尾山、それに加えて、社寺ではないですが標高116メートルの双ヶ丘《ならびがおか》があげられます。この丘の双ヶ岡古墳群は秦氏の首長らの墓とされます。

秦氏は現代のビジネス用語でいうイノベーションを起こした一族です。その技術力と経済力は日本を大きく前進させせました。

反面、権力欲にとぼしいのか、秦河勝以降は中央政界から遠のき、地元京都への首都移転後は隆盛するどころか衰退します。

では子孫が消えたのかというと、近年でも第一勧業銀行（現・みずほ銀行）頭取《とうどり》を務めた羽倉信也《はぐらのぶや》氏は、伏見稲荷大社の神職を代々受け継いだ社家《しゃけ》の出身でした。渡来民族の秦氏の子孫らしく行員生活の多くは海外畑で、本店の部長経験がないまま頭取になった異色の人物です。

秦氏は大陸より日本にやってきた渡来民族です。ただ具体的にどこからやってきたのかは諸説あれど不明で、いつの間にか姿を消して日本社会に溶け込みました。そんな謎の一族が持つイノベーションの知恵を、京都でダウンロードしてみませんか?

商人のまち大阪のナンバーワン神社は2社ある

大阪といえば淀川《よどがわ》下流域の神社がビジネスに最重要です。川の上流域にある山の神社だけでなく、大都市にある下流域の神社にも多くの人とつながるご利益があります。

国で最も格式の高い神社を「いちのみや」と言って、漢字で一宮、一之宮などとあらわしますが、淀川下流域にある国は摂津国で、現在の大阪市、尼崎《あまがさき》市などです。

そんな淀川下流域の摂津国一之宮といえば、有名なのが住吉大社（大阪市住吉区）。もし神社人気ランキングがあれば、全国でベスト４には必ず入るでしょう。

ご祭神は住吉大神《おおかみ》。愛称は「すみよしさん」で、『日本書紀』で底筒男命（そこつつのおのみこと）、中筒男命（なかつつのおのみこと）、表筒男命（うわつつのおのみこと）と表記される３柱の神の総称です。海底、海中、海の表面をあらわします。

個人的な体験ですが、私が他者を住吉大社に初めてご案内した時のこと。前日に下見をしたら、たまたま住吉大社の入口で東京在住の知人に出くわしました。聞くとその知人は、住吉大社について解説するセミナーに参加したことがあるそうで、パンフレットに書かれていない住吉大社の参拝方法について学んだとか。その夜、食事がてらレクチャーを受けて、翌日のご案内で「昨日、知人の占い師に教えてもらったことをそのまま言います！」と大いに受け売りしました。

『古事記』では、住吉大神は海か川での「みそぎ」から生まれました。なので、みそぎの神様と考えられます。

本殿を順に参拝すると、海の表→中→底と潜《もぐ》っていく「みそぎ」のまじないに見えます。第三本宮（表筒男命）→第二本宮（中筒男命）→第一本宮（底筒男命）です。

第四本宮のご祭神は、住吉大社の創建者で神がかりして住吉大神の神託を受けたとされる神功皇后です。摂政《せっしょう》として日本を統治した女帝で、日本初の肖像画付き紙幣の顔として1円札、5円札、10円札に印刷されました。

これら4つの本殿はすべて大阪湾のある西を向いており、まさに大阪湾につながる神様です。

第一本宮から第三本宮まで東西一列に並んでいます。第四本宮の本殿だけ南にずれていますが、まず第四本宮にご参拝ください。それから第三→第二→第一と参拝すると、神功皇后のように住吉大神の神託を受けられる、かもしれません。

私が個人的におすすめしているのは、一通り参拝し終わった後、帰りは逆に第一→第二→第三→第四と再度参拝することです。海の底に潜ったまま参拝を終えるのではなく、海から地上へ戻り、神がかりも完了させるのがいいと思うのです。

住吉大神は「みそぎ」の神様なので、特にケガレたと思った時にご参拝されるとよいでしょう。ケガレた時とは気分が落ちた時と、気分が上がった時の両方です。いい時も嫌な時もご参拝ください。「真ん中」に戻る助けになります。

さて、摂津国一之宮はなぜかもう1社あります。大阪のビジネス街ど真ん中にあり、商売繁盛など、ビジネス向きなのはむしろこちらの神社かもしれません。

坐摩《いかすり》神社（通称・ざまじんじゃ）です。

坐摩神社のある大阪市中央区の船場《せんば》地域は、古くから町人文化の中心でした。大阪の中心街というと現在は梅田のイメージが強いですが、梅田が発展したのは大阪駅ができてから。商人のまち大阪で、歴史ある商業の中心地が船場で、その船場にあって大阪商人の心の拠《よ》り所となった神社が「坐摩神社」です。

ご祭神は

- 生井神（いくいのかみ）
- 福井神（さくいのかみ）
- 綱長井神（つながいのかみ）
- 阿須波神（あすはのかみ）
- 波比岐神（はひきのかみ）

以上の5柱を総称したのが坐摩大神（いかすりのおおかみ）です。

平安時代編纂《へんさん》の神道資料『古語拾遺《こごしゅうい》』によると、神武天皇が初代天皇に即位されたときに天上の神々より御神勅を受けて、これら5柱の神々を宮中に祭ったのが起源とされます。

また大阪の地に坐摩大神の神社が建てられたのは、神功皇后が新羅《しらぎ》より帰還した際、淀川河口の地に祭ったのが始まりとされます。

皇居を守る神様であることから、居住地を守る住居守護の御利益（御神徳）があるとされ、また旅行安全や安産守護、あるいはご祭神の名前に「井」が付くことから、井戸水の神様としても信仰されています。

そして本書のここまでの主張に基づくと、大阪商人・町人が持つビジネスの暗黙知（目に見えない知恵やセンス）をダウンロードするのに最適な神社と考えられます。

大阪市の淀川下流域なら、姫嶋《ひめじま》神社や八坂《やさか》神社（大阪市福島区）、少彦名神社、サムハラ神社などの方がより川に近いとお気づきの人もいるでしょう。もちろんどの神社も素敵です。

ただ、**こと「ビジネスに役立つ神社」となると、坐摩神社の船場地域は長く商業の中心地で、住吉大社は参拝者の数が大阪で圧倒的に多く、両社はビジネスパーソンに特におすすめです。**

淀川下流域の神社とセットで考えた方がいいのは、淀川上流域の神社です。

淀川下流域の神社に加えて、たまには淀川スタート地点の山にある石清水八幡宮にご

参拝されると、より大きな御神威に乗り、御神徳を発揮することでしょう。

桂《かつら》川、宇治川、木津《きづ》川の3川《せん》が同時に合流して淀川になるのですが、その合流地点のそばに石清水八幡宮があります。大きな川が3つも合流するのは全国的に極めて珍しいこと。それだけ石清水八幡宮は貴重な神社と言えます。

京都の南南西の男山《おとこやま》（標高143メートル）山上に鎮座する山の神社でもあります。男山の神様に淀川を下ってもらい、大阪でもそのお力を発揮していただきましょう。

神戸―西宮を守って1800年超の老舗3社

京阪神《けいはんしん》のうち、京都と大阪につながる話をしたら、神戸の神の話もしなくてはなりません。

神戸だけでなく六甲山《ろっこうさん》を背にした地域につながる神社の話です。

六甲山と大阪湾に挟まれた神戸・芦屋・西宮は、東洋の風水思想では理想的な立地とされます。「背山臨水《はいざんりんすい》」といって、山を背後にし、水を前方にながめる場所や配置です。

北は山、南は海や湖・川ですね。

「いったい、それの何がいいのか？」と問われると、確かなことはなく、「昔からそう言われているので」というレベルの話ですが、ひとつは防衛がしやすいこと、もうひとつはなんとなく自然でいられる、というのがあります。

川が山の上流から海の下流に流れるように、高いところから低いところに物も人も自然に動きます。背後が山で前方が海だと、山の方が標高が高いため、山の方に背を向けて、低い海の方に顔を向けるのは、自然な感覚だと考えられます。

また「川の上流の山の社寺に参拝したら、次は下流の社寺に行くとよい」という話に納得や興味を持っていただいた方向けに言うと、「六甲おろし」と呼ばれる六甲山地から吹き下ろされる強い北風がポイントです。山の神様が川の流れに乗って上流から下流にやってくるように、**六甲山の神様は「六甲おろし」の風に乗って山から都市へ降りてくると考えます**。

背山臨水を壊した例をあげると、京都は背山臨水の地を、東西から丘や背後の山より低い山で囲んだ「四神相応《ししんそうおう》」の地でした。ところが南の巨椋池《おぐらいけ》が完全に干拓《かんたく》されてしまいます。国営干拓事業が1933年から1941年にかけておこなわれ、巨椋池の水はなくなり、農地となったのです。

結果は、1933年：国際連盟脱退、1936年：2・26事件（青年将校によるクーデター未遂）、1937年：日中戦争勃発《ぼっぱつ》、1938年：東京・札幌五輪返上、1941年：太平洋戦争開戦、1945年：敗戦と米国による占領開始、と日本の運気は一気にかたむきました。

信じるも信じないもあなた次第《しだい》な話になりましたが、六甲山を背に大阪湾をのぞむ神戸・芦屋・西宮は、貴重ないい土地だということです。

古きよき神社にも恵まれています。神功皇后摂政元年（201年）に創建とされる1800年以上の歴史ある神社が次の3社です。

- 廣田《ひろた》神社（兵庫県西宮市）
- 生田《いくた》神社（神戸市中央区）
- 長田《ながた》神社（神戸市長田区）

なぜか3社とも「田」が付きます。「廣田」は広い田んぼ、「生田」は生き生きした田んぼ、「長田」は長い田んぼだと聞いたことがあります。

背後の六甲山全山は、元は廣田神社の社領です。

六甲山の山頂近くには廣田神社境外末社《けいがいまっしゃ》の六甲山神社、廣田神社奥宮説がある六甲比《ろっこうひ》命大善《めだいぜん》神社があります。六甲山の社寺は秘境のような感じもありディープですが、1度はご参拝されるのをおすすめします。

最後に、生田神社は裏手の「生田の森」が、大都市にあるとは思えない素晴らしい場所だと付け加えておきます。

日本全体の守護神は「愛知」と「愛媛」にいる

特定の地域を越えて日本国全体につながる神社もあります。
愛知県と愛媛《えひめ》県にある次の2社です。

- 津島神社（愛知県津島市）
- 大山祇《おおやまづみ》神社（愛媛県今治《いまばり》市）

津島神社は、京都の八坂神社と並ぶ牛頭天王（ごずてんのう）信仰の二大神社です。
牛頭天王とはインドでお釈迦様が説法をおこなった祇園精舎《ぎおんしょうじゃ》という寺院（現在は公園）の守護神です。この仏教の神様が、日本の神社ではスサノオノミコトに変換と言うか合体《がったい》されています。

津島神社の主祭神もスサノオこと建速須佐之男命（たけはやすさのおのみこと）。

全国に約３０００社あるとされる津島神社・天王社の総本社で、東海地方を中心に信仰されています。スサノオが長崎の対馬《つしま》から愛知の津島まできたとされているようです。

この愛知の津島神社、社伝によると日本全体の守護神です。

８１０年、嵯峨《さが》天皇の時代に、最高の神階である正一位と日本総社の号を賜《たまわ》ったとされます。

総社とは、全体を代表する神社です。例えば摂津国総社に参拝すれば、摂津国の神社全体を参拝したことになるとされます。ということは、日本総社に参拝すれば……。おそろしくコスパがいいと言うと不謹慎な言い方でしょうか。

近世は織田氏や豊臣氏、徳川氏より社殿造営などの寄進を受け、織田信長は布教活動を保護したとされます。

「あの延暦寺《えんりゃくじ》を焼いた信長が津島神社の神様は大事にしたの？」

意外に思った方もいそうですが、実は津島神社の門前町《もんぜんまち》である津島湊《みなと》は莫大《ばくだい》な経済的利益を得られる港町でした。この津島湊を信長の祖父・織田信定《のぶさだ》が支配したことで、織田家はずば抜けた経済力を得たのです。

さらに信長の父・織田信秀《のぶひで》は、熱田神宮の門前町として栄える熱田湊を支配します。信長が駿河《するが》の今川氏や美濃《みの》の斎藤氏に対抗できたり、たくさん鉄砲を買ったりできたのも、津島と熱田が持つ圧倒的な経済力のおかげ。信長であろうと誰であろうと大事にしないわけがありません。


日本国全体につながるもうひとつの神社は、愛媛県の最北端で、愛媛県今治市と広島県尾道《おのみち》市を結ぶ道の中心にある瀬戸内海の島「大三島《おおみしま》」にあります。

神社の名は大山祇神社。日本国総鎮守です。

樹齢2000年以上や3000年のクスノキもある日本最古の原生林に鎮座します。


ご祭神は大山積神（おおやまづみのかみ）のみ。オオヤマは「大いなる山」、ヅ（ッ）は「の」、ミは「神霊」で、大いなる山の神です。山の神様の総元締《そうもとじ》めとされます。

山の神様と言いつつ、海とも関係が深く、この大三島の大山祇神社だけでなく、伊豆諸島の神様を祭る三嶋《みしま》大社（静岡県三島市）のご祭神でもあります。

源氏・平氏をはじめ多くの武将が武具を奉納し武運長久《ぶうんちょうきゅう》を祈ったため、国宝・国の重要文化財指定を受けた日本の武具類の約８割が大山祇神社の宝物館に集まりました。

武将だけでなく、山本五十六《いそろく》ら大日本帝国海軍の軍人、海上自衛隊、海上保安庁の崇敬が篤いことでも知られます。

そんな武人・軍人に愛された大山積神のご利益は、神社一般で願われていることなら基本何でも対応します。

ただ、歴史をふまえると「安全系」の御祈願は特にいいと個人的に思います。家内安全、身体健全、交通安全、海上安全、工事安全など。

津島で経済発展し、大三島で身を守る。日本全体を守護する２社の印象です。

九州に点在する日本の「魂のふるさと」

日本の魂のふるさととも言うべき神社が、九州になぜかよくあります。自身の原点を思い出すような、なつかしい気持ちになるかもしれません。

- 志《し》賀《か》海《うみ》神社（福岡市東区）
- 細　石《さざれいし》神社（福岡県糸島市）
- 若宮神社（福岡県糸島市）
- 櫛触《くしふる》神社（宮崎県西臼杵郡高千穂町）
- 霧島神宮（鹿児島県霧島市）

例えば志賀海神社では春と秋に「山誉祭《やまほめまつり》」というお祭りがおこなわれるのですが、その中で昔から（少なくとも江戸時代の記録では）こんな歌が歌われます。

「君が代は　千代に八千代に　細石の　巌《いわお》と成りて　苔《こけ》の産霊《むす》まで」

日本の国歌「君が代」じゃないか！　と思いますよね。志賀海神社で昔から神様を祭る歌が元だったのです。

君が代の「君」は国歌だと天皇です。ただ、この元の歌では阿曇の君（あずみのきみ）です。阿曇ないし安曇《あずみ》で、阿曇の君とは阿曇族の族長を指すのでしょう。

阿曇族は海上を活動拠点とする海の民で、志賀海神社のある志賀島《しかのしま》は阿曇族の本拠地でした。６世紀の中頃に阿曇族は全国に散りますが、志賀海神社の宮司は今でも阿曇家の方です。

山誉祭は新羅に遠征する神功皇后を対馬でもてなした故事が由来で、その時に奉納したのが、この「君が代」の神楽歌です。もし本当だとするなら、古墳時代以前から続く伝統です。

「君が代」関係は、福岡県の糸島市にもあります。

細石神社は、そのまま読んだ通り「細石の」です。

「巌と成りて　苔の産霊まで」

この部分は若宮神社に祭られる苔牟須売神（こけむすめ）です。

コケムスメは岩の神様である磐長姫命（いわながひめ）と同一とされます。「巌＋苔」です。

コケムスメが磐長姫命なら、細石神社も若宮神社もご祭神は姉・磐長姫命と妹・木之花開耶姫命（このはなさくやひめ）の姉妹神。細石の石の神様も磐長姫命なので、君が代と磐長姫命は大いに関係が深いと考えられます。

この姉妹神は、天照大神より「三大神勅」を授かって地上に降臨した天皇家の祖・ニニギノミコトと妹神は結婚し、姉神は結婚を断られました。

ニニギノミコトが降臨したとされる場所が「高千穂」です。

ですが候補地が大きく2つあり、ひとつは宮崎県高千穂町の槵觸神社。高千穂町では他に二上《ふたがみ》神社も候補地です。

高千穂町には私も何度かおじゃましましたが、地元の本気で神話が好きなタクシー運転手さんの車に乗ると、話がとまらなく、ディープで楽しいです。

もうひとつの候補地は鹿児島県と宮崎県の県境にある霧島山の高千穂峰《たかちほのみね》で、周辺には霧島神宮や霧島岑《みね》神社など、霧島六所《ろくしょ》権現と呼ばれる6つの神社があります。

神社にたくさん足を運ぶと、そのうち、ただ単に神社参拝が好きになる人もたくさんいます。見返りがある（ありそう）、ということではなく、純粋な神様・神話好きです。**そんな「神様が推し」になった人は、ぜひ日本の魂のふるさとをお訪ねください**。きっと、感動されること間違いないでしょう。

日本を象徴する天皇ネットワークとつながる

日本と縁を結ぶ最後の項は、天皇ゆかりの聖地参拝です。

日本の象徴たる天皇は、日本人を代表して日本の神様に祈り、神社に参拝します。そんな天皇がよく祈りを捧げる神社は、天皇を知り、日本人を知る神社と言えるでしょう。

天皇がよく祈る神社は「四方拝」の対象です。

四方拝とは、毎年1月1日（元日）の早朝に、宮中の庭で天皇が天地四方の神祇《じんぎ》を拝する儀式です。

- 伊勢神宮：内宮と外宮《げくう》（三重県伊勢市）
- 神武天皇陵（奈良県橿原《かしはら》市）
- 武蔵陵墓地：大正天皇陵、昭和天皇陵（東京都八王子市）
- 明治天皇伏見桃山陵（京都市伏見区）
- 氷川神社（さいたま市大宮区）
- 賀茂《かも》別雷《わけいかづち》神社：通称・上賀茂神社（京都市北区）
- 賀茂御祖《みおや》神社：通称・下鴨神社（京都市左京区）
- 石清水八幡宮（京都府八幡市）
- 熱田神宮（名古屋市熱田区）
- 鹿島神宮（茨城県鹿嶋《かしま》市）

これらの神社ないし陵《みささぎ》は、日本を象徴する聖地です。特に天皇の陵は皇族の方々もよく参拝されています。

四方拝の対象の陵は神武天皇陵と先帝３代の陵（現在は明治天皇、大正天皇、昭和天皇）ですが、特に初代天皇である神武天皇陵は特別です。

敬宮《としのみや》愛子内親王は２０２４年３月26日に伊勢神宮の外宮・内宮を、翌日27日に神武天皇陵をおひとりで参拝されました。皇族のみなさまは節目になると神武天皇陵に報告する習慣があり、今回の愛子さまは大学の卒業と就職の報告でした。

皇族と我々一般人がご縁を結ぶこともなかなかないと思いますが、日本国を知り、愛し、そして貢献する上で、日本を理解する鍵となる方々だと思います。

●香取神宮（千葉県香取市）

第5章

ピンチを脱し
心身の健康を
よみがえらせる社寺

【お寺と神社の棲み分け】生の祓は神社、死の祓はお寺

「神社に行こうとしても、結局お寺に行くんですよね」

死に関するお仕事の方から聞いた話です。

現代のお寺は、「葬式仏教」と呼ばれるように、死んだ人の供養《くよう》が主です。

一方、神社は喪中《もちゅう》には参拝しないとする方が多く、死はケガレとして関与を避けている印象があります。神道の葬儀もありますが、一般的に日本の葬儀は仏式です。

神社でお願い事をする人は多いですが、一方、お寺でお願い事をする人は減ります。葬式や法事でお願い事をする人は皆無《かいむ》でしょうし、お墓参りも、故人の魂が安らかなることを祈りつつ、「こんなことがあった」と報告するのみではないでしょうか。

また生後1カ月前後のお宮参り、七五三など、子供の誕生や成長に関することは住まいの近くの神社へお礼参りに行きます。お寺でも対応はしていますが、神社の印象が強

いです。

このようにお寺と神社ではなんとなく「棲《す》み分け」がされています。

「生きている人のことは神社へ。死んだ人のことはお寺へ」

神道は罪ケガレを祓う（取り除く）道ですが、

「生の祓《はらえ》は神社、死の祓は仏教」

そんな棲み分けが、いつの間にか日本国内でできているようです。

それで冒頭の死に関するお仕事の方の話が腑《ふ》に落ちました。

お仕事で人や動物の死に関わっていなくとも、例えば大半の人は虫を殺したことがあるでしょう。仮に虫も殺さぬ方でも微生物は知らずに殺しています。

そして、我々は生命を食べて生きています。

ですから、神社とお寺、社寺どちらにも行かれるといいです。

仏教は個人の悟《さと》りを目指し、神道は共同体の維持発展を目指します。

つまり**仏教はあなたや私個人のための教えで、神道はみんなで生きる道です。**

どちらかだけでは不十分で、日本の神道と仏教は車の両輪です。

民俗学者の柳田國男《やなぎたくにお》氏によると、日本人の死生観は「死後は祖霊神になる」です。

1945年の敗戦でこの死生観は消えると思った柳田氏は、同年に自身が思うところの日本人の死生観を発表しました。

お葬式や供養はお寺でしますが、四十九日《しじゅうくにち》が過ぎて成仏《じょうぶつ》すると祖霊神になり、神社で祭られる人も出てきます。神様としての「生」が始まるのです。

人は死後も、お寺と神社でなんとなく棲み分けするわけですね。

自他の死を意識する時、神社に参拝しても精神的な調子がよくない時、お寺で手を合わせることをおすすめします。

悪い状況を逆転させる「死後の世界」の神様

神社の多くは「上り坂」です。

ですが、**まれに「下り坂」の神社もあります。**

神様を下に見る、通常とは発想が逆の「特殊神社」です。

一般に神様は上空の「天」にあり、「上」に奉《たてまつ》るものとされます。なので山の頂上や丘を登った所など、高いところに神社は建てられます。

家の神棚も、人の目線より高いところに設置するのが一般的です。神棚には神様がいらっしゃるとされます。もしそうなら、人が神より上に立つのは失礼ではないかと考えられて、できれば家で一番高い場所に置くべきとされます。

しかし、昔は平屋《ひらや》（1階のみ）の建物ばかりでしたが、現代はだいたい2階建て以上で、タワーマンションのように20階建て以上の場所も珍しくありません。このような住環境では、神棚のある場所の上に、部屋があり人がいることになります。
これでは失礼だとして、「雲」という文字が書かれた木の板や紙を神棚の上に貼《は》って、「神棚の上にあるのは雲です。上には天しかありません」とするのが近年の対応策です。
他に「天」「上」「空」と書くこともあります。

ここまでして神様の上に立たないようにしているのに、「下り坂」の神社では神様を見下ろすことになります。神様に失礼で敬意を欠くのではないでしょうか?
しかし、発想を逆転すると、意図が想像できます。

「下り坂」の神社（下り宮）はケガレをあえて付ける場所では、という推測です。

日本神話の開運3ステップは、
「災いでケガレる → 水でみそぎをする → 成功する」です。

具体的には、日本の多くの神々や日本列島の生みの親イザナギは死者の住む黄泉国《よみのくに》で死んだ妻との大喧嘩で殺されそうになり地上に戻ります。そして「ケガレたところに行ってしまった」と、水につかってみそぎをしたところ、素晴らしい３柱の神（アマテラス、ツキヨミ、スサノオ）が生まれ、自らの生んだ神々の中で最も貴《とうと》いとして、イザナギは神生みの使命を完了しました。

つまり、みそぎをして開運するには、まずケガレを付けるところから始まるのです。そして、ケガレが付いた場所が死者の世界である黄泉国です。

「下り坂」の神社で、日本で一番有名なのは出雲大社（島根県出雲市）です。

主祭神の大国主大神（おおくにぬし）は、国をつくった後、その国を他のより強い神々に譲《ゆず》らされることになり、最後は出雲大社で幽事（かくれたること）を治める幽冥主宰大神（かくりよしろしめすおおかみ）となります。

幽事とは、死んでから行くあの世のこと、つまり黄泉国のことです。

出雲大社の大国主大神を祭る出雲教でも、人間の霊魂は死後、大国主大神が治められる幽世（かくりよ）に帰ると説いています。
大国主大神はイザナミと同じく黄泉国の神様になったとされているのです。

上にあるのが天上界なら、下にあるのが黄泉国です。

【天上】―【地上】―【黄泉国（幽世）】の3層構造です。

下り坂を下ると黄泉国（幽世）がある、という設定なのでしょう。

『古事記』『日本書紀』の設定だと、黄泉国はケガレた場所です。
「下り坂」を下った先にあるのは黄泉国で、黄泉国ではケガレが付く。
神話上のことですが、イザナギは黄泉国で妻の激しい怒りを買い、「縁切り」をしました。この時に付いたケガレは貴い神々を生む大きな力になりました。黄泉国のケガレは、文化人類学者の波平《なみひら》恵美子氏の説をお借りすると、危険であると同時に強い影響力を持つエネルギーです。

出雲大社で毎年おこなわれる神在祭《かみありさい》は、もともと黄泉国に行ってしまったイザナミを偲《しの》ぶために全国からイザナミの子供の神々が集まるためのものでした。
イザナミを偲ぶ場所に出雲が選ばれたのも、黄泉国が出雲にあると考えられたからでしょう。

下り坂の神社「下り宮」は、ケガレをあえて付けたい人におすすめします。

【全国の主な「下り宮」】
- 一之宮貫前《ぬきさき》神社（群馬県富岡市）
- 木曽三社《きそさんじゃ》神社（群馬県渋川市）
- 出雲大社（島根県出雲市）
- 鵜戸神宮（宮崎県日南市）
- 草部吉見《くさかべよしみ》神社（熊本県阿蘇《あそ》郡高森町）

おっかなそうですけど、幸い『古事記』『日本書紀』の設定は逆転します。黄泉国だからこそ、逆にケガレが強力に祓われます。下り坂でケガレてもすぐ祓われるでしょう。

ご心配な方は、水の流れでみそぎをされてください。鵜戸神宮と出雲大社は海のそばですし、群馬は有名な温泉地。熊本の阿蘇は温泉もいいし、水の流れが富士山周辺と並び日本一レベルと思うほど、強く清らかです。

大きなピンチから身を守る最強の厄除神社

最後は「**日本最古の神社**」をご紹介します。

大ピンチを救う大きなご利益を持つ神様なので、神話では逆に大ピンチをもたらし、国民の半分以上を死なせたとされる「**日本史上最大の怨霊《おんりょう》**」です。

日本最古の神社とは奈良県桜井市の大神《おおみわ》神社。

ご祭神の大物主大神（おおものぬし）は「**初めて人間に神社を建てさせた神**」です。

そこまでさせたのは、国の半分が死ぬほどの疫病が流行したからです。

この問題を解決するために、第10代・崇神《すじん》天皇は、神がかった皇女のご神託や、ご自身の霊夢などをもとにオオモノヌシをその子孫に祭らせ、疫病はおさまったとされます。

この神話が三輪山《みわやま》をご神体とする大神神社の始まりです。

日本国の危機を救った、すごくありがたい神様ですが、実は疫病の原因はオオモノヌシの祟《たた》りだというのですから、とんでもなく恐ろしい神様でもあります。

ご利益は神様の中でも最強クラスで、国家安泰、大きな金運、大きな商売繁盛、大きな厄除など。特に大ピンチのときに参拝するとしたら、この大神神社でしょう。

私の友人Ｔさんの事例です。

「父の会社が８億円の負債を抱えて、家の差し押さえまであと１カ月。何も解決策が浮かばない中、家族で奈良の大神神社に参拝しました」

すると、その家を購入してＴさん家族に貸す人があらわれました。以前、Ｔさんのお父上に助けてもらった人の子供で、そのご恩返しでした。

Ｔさん一家は家を手放さずに、借金を返すことができました。

大ピンチで追い込まれた時は大神神社です。

もう1社、大ピンチから身を守る神社をご紹介します。

寒川神社（神奈川県高座《こうざ》郡寒川町）です。

ご祭神は寒川比古命・寒川比女命（さむかわひこ・さむかわひめ）。

この2柱を総称して、寒川大明神と言います。

「国内唯一の八方除《はっぽうよけ》」をうたう厄除のご利益で有名です。

大学生時代に今上《きんじょう》天皇が参拝したり、ノーベル平和賞を受賞し、約7年8カ月総理を務めた佐藤栄作氏も、総理退任後に毎年1月4日に参拝していました。

「視聴率祈願の神社」としてテレビ関係者に知られ、俳優の高倉健《けん》さんは映画の撮影前後におひとりで、他の人がほとんどいない時間に参拝していたそうです。

寒川大明神は正体不明の神で、『古事記』や『日本書紀』といった神話には登場しません。しかし相模国《さがみのくに》一宮と、神奈川県を代表する神社で、古墳時代には、もうすでに朝廷より崇敬され、**昇殿参拝する人の数は日本一です**。例年30万人がご祈祷されるとか。

土日祝日なら御祈祷は2時間待ちもざらにあります。

なぜこれほどの人気なのか謎ですが、困った時はここだと多くの人が信頼を寄せる神様で、神社です。大ピンチになる前に「八方除」をしましょう。

おわりに――ビジネスに成功した後、もっと神社が役立つ

本書を最後までお読みくださりありがとうございます。
先に「おわりに」を開いている方も、手に取ってくださり感謝します。
執筆を終えた素直な感想を書かせてください。

まず、著名なビジネスパーソンの神社参拝に「ある共通点」があったことに本書を書くまで気づきませんでした。上流の神社と下流の神社のセット参拝です。

本文でご紹介したのは、渋沢栄一が、荒川上流の寳登山神社と、荒川下流（含む隅田川）の浅草寺や七社神社に参拝していたことでした。特に七社神社そばの飛鳥山公園内に渋沢栄一は住み、上流の神様と自宅との間に太いご縁が結ばれたと思われます。

本文では触れていませんが、渋沢栄一の出身地は埼玉県深谷《ふかや》市。寳登山神社がある町

まで距離にして20数キロとかなり近く、出身地の神様と居住地の神様をつなげられたのも大きかったと想像します。

実は松下幸之助の参拝例でも、この上流の神社と下流の神社のセット参拝があり、淀川上流の石清水八幡宮と、淀川下流の野田恵美須神社は、どちらも総代になられるほど関係の深い神社でした。野田恵美須神社はパナソニック創業地近くの神社で、初めての商標「M矢のマーク」は石清水八幡宮の授与品「破魔矢《はまや》」と松下の頭文字「M」を組み合わせてつくったものですから、両社への思い入れの深さが想像できます。

この上流・下流のセット参拝を発見しただけでも、本書を出版し、世に問う価値があったと自負《じふ》しています。ご本人たちが上流・下流のセット参拝を意識していたかは不明なので、誰かが気づかなければ、埋もれてしまうアイデアでした。

素直な感想としてもうひとつあるのは、本書を刊行していただく「PHP研究所」は、パナソニックグループの創業者・松下幸之助がつくった会社であることです。本書では松下幸之助やパナソニックの事例をかなりご紹介しました。松下幸之助の会社でご本人の話を書けるとは、本当に光栄かつ恐縮なことでした。

最後に神社参拝の意義をあらためてお伝えすると、ビジネス成功の手段というより、成功した後こそ神社も、お寺も、もっと大事になります。

ビジネスの手段として「だけ」考えるなら、もっと直接成功に関係するものがあります。例えば受験における受験勉強のようにです。ただ本書に掲載したデータで示したように、実際にある程度以上の収入を得るようになると、かえって不幸になる可能性が高くなります。ビジネスの成功は人生の落とし穴になりかねないのです。

そんな**成功の落とし穴を避け、幸せな人生を送るのに、神社参拝でつくられる地縁や社縁が役立ちます**。

もし「苦労し努力して成功しても、結果、不幸なるだけ」だと、やり抜く気になかなかなれないでしょう。がんばり抜いた人に、救いの道が残されているのは、先人たちのおかげです。ですから、**「神や仏の助けなんていらない」と自分の能力に自信のある人にこそ、神社参拝をおすすめしたい**です。

神社の歴史は、縄文時代にさかのぼります。さいたま市大宮区の氷川神社では縄文時代後期・晩期の「氷川神社遺跡」が発見されており、今のような神社の形式ではないにしても、神様に祈りを捧げる習慣はあったようです。縄文時代の後期・晩期は、2000年前から4000年前ですから、**およそ3000年以上も祭られ続けている**と考えられます。

日本の神社は、3000年以上もの長きにわたって、地域に住む人々の記憶や目に見えない知恵を伝え続けているのです。そんな場所が日本各地にコンビニよりもたくさんあるなんて、この国の「すごい資産」ではないでしょうか?

縄文より続く日本の資産を、みなさまと共に守り、後世に伝える一助になりたいと心より願って筆を措《お》きます。開運招福。

2024年4月

八木龍平

参考文献

参考書籍・雑誌

『心の京セラ二十年』青山政次著／非売品
『働き方』稲盛和夫著／三笠書房
『長生きの統計学』川田浩志著／文響社
『企業の神社』神社新報社編／神社新報社
『影響力の武器［新版］』ロバート・B・チャルディーニ著・社会行動研究会監訳／誠信書房
『やり抜く力』アンジェラ・ダックワース著・神崎朗子訳／ダイヤモンド社
『PHPのことば』松下幸之助著／PHP研究所
『主要5因子性格検査ハンドブック 三訂版』村上宣寛・村上千恵子著／筑摩書房
『成功している人は、なぜ神社に行くのか？』八木龍平著／サンマーク出版
『成功している人は、どこの神社に行くのか？』八木龍平著／サンマーク出版
『しくじりをした人は、なぜ神社に行くと大成功するのか？』八木龍平著／サンマーク出版
『人脈づくりの科学』安田雪著／日本経済新聞社
『AERA』2018年1月15日号「大特集 成功企業が祀る神さま」朝日新聞出版
別冊宝島2082号『日本の神様のすべて』宝島社

参考・引用論文

秋野淳一「神田神社の仕事始め参拝―企業と神社に関する一考察―」國學院大學研究開発推進センター研究紀要（14）、

pp.117-147、２０２０年
伊藤高弘・窪田康平・大竹文雄「寺院・地蔵・神社の社会・経済的帰結：ソーシャル・キャピタルを通じた所得・幸福度・健康への影響」大阪大学社会経済研究所ＤＰ№９９５、pp.1-37、２０１７年
酒井利信「剣術の参籠開眼における夢について」身体運動文化研究11（1）、pp.13-21、２００４年
鈴木春奈・藤井聡「『地域風土』への移動途上接触が『地域愛着』に及ぼす影響に関する研究」土木学会論文集Ｄ64（2）、pp.179-189、２００８年
高田知紀・梅津喜美夫・桑子敏雄「東日本大震災の津波被害における神社の祭神とその空間的支配に関する研究」土木学会論文集Ｆ６（安全問題）68（2）、pp.I 167-I 174、２０１２年
渡邊ひとみ「青年期のアイデンティティ発達とネガティブ及びポジティブ経験に見出す肯定的意味」心理学研究91（2）、pp.105-115、２０２０年

参考ＷＥＢページ

公益財団法人助成財団センター「資産総額上位１００財団（２０２０年度）」
https://www.jfc.or.jp/bunseki-top/rank_asset2020/
同「助成等事業費上位１００財団（２０２０年度）」
https://www.jfc.or.jp/bunseki-top/rank_grant/rank_grant2020/
株式会社帝国データバンク「全国企業『後継者不在率』動向調査（２０２２）」
https://www.tdb.co.jp/report/watching/press/p221105.html
株式会社東京商工リサーチ「全国『老舗企業』調査」
https://www.tsr-net.co.jp/data/detail/1188679_1527.html
統計数理研究所「日本人の国民性調査」
https://www.ism.ac.jp/kokuminsei/index.html

内閣府「『満足度・生活の質に関する調査』に関する第1次報告書」
https://www5.cao.go.jp/keizai2/wellbeing/manzoku/pdf/report01.pdf
日本経済新聞 電子版「年の初めに自戒を込めて（永守重信氏の経営者ブログ）」
https://www.nikkei.com/article/DGXNASFK11011_R10C11A1000000/
株式会社日経ＢＰコンサルティング
周年事業ラボ「調査データ ２０２２年版１００年企業〈世界編〉」
https://consult.nikkeibp.co.jp/shunenjigyo-labo/survey_data/I1-06/
株式会社日立製作所「社会イノベーション」
「『工場での息抜きが球技に』日立発祥のパンポンとは？ミスターパンポンが解説」
https://social-innovation.hitachi/ja-jp/article/pang_pong/
株式会社プラネット「Vol.90　お寺・神社に関する意識調査」
https://www.planet-van.co.jp/shiru/from_planet/vol90.html
文化庁編『宗教年鑑』令和５年版
https://www.bunka.go.jp/tokei_hakusho_shuppan/hakusho_nenjihokokusho/shukyo_nenkan/pdf/r05nenkan.pdf
毎日新聞　２０２４年1月4日「仕事始めの会社員ら神田明神に参拝　入場待ちに長い列」
https://mainichi.jp/articles/20240104/k00/00m/040/121000c
立命館大学研究活動報 RADIANT「１００年続く家族企業の長寿の秘密」
https://www.ritsumei.ac.jp/research/radiant/article/?id=150

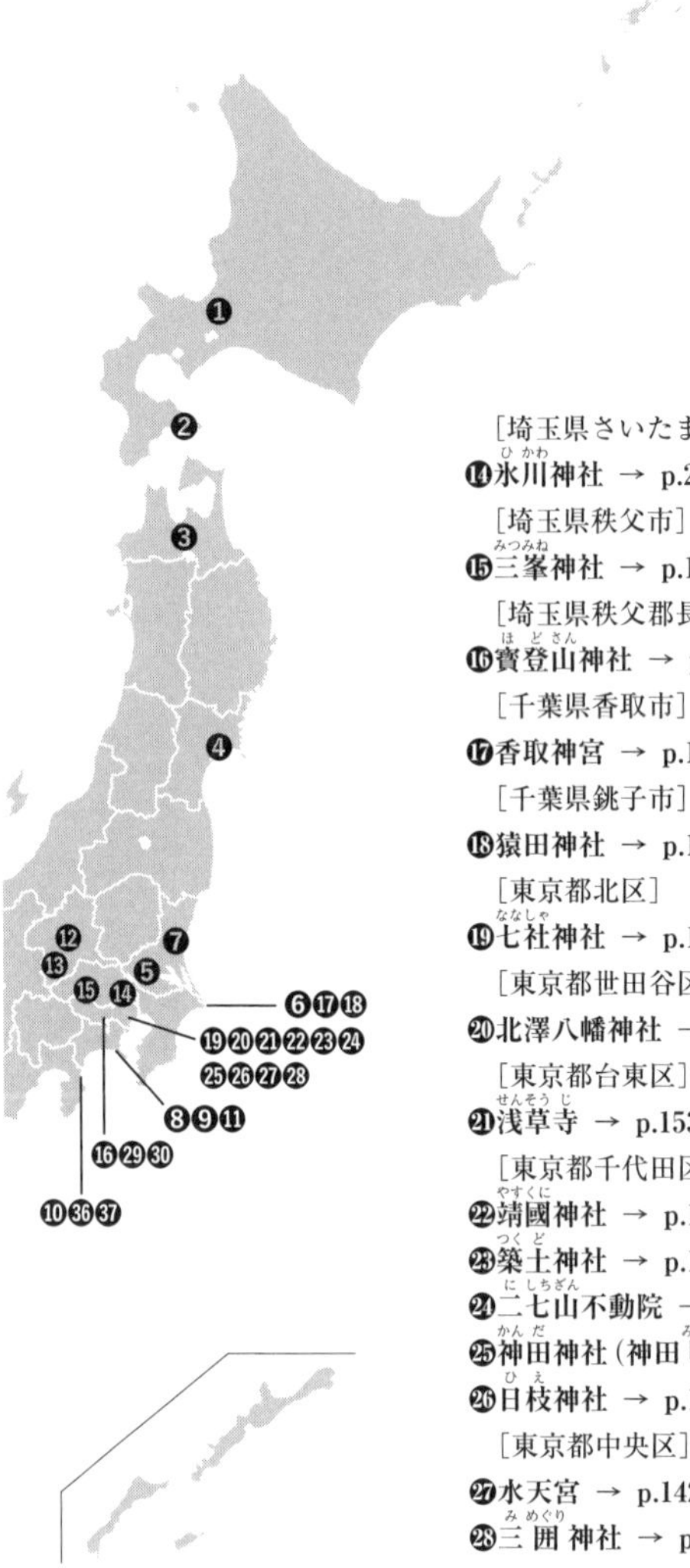

［埼玉県さいたま市］
⓮氷川《ひかわ》神社 → p.24、218
［埼玉県秩父市］
⓯三峯《みつみね》神社 → p.148
［埼玉県秩父郡長瀞町］
⓰寳登山《ほどさん》神社 → p.153
［千葉県香取市］
⓱香取神宮 → p.172、219
［千葉県銚子市］
⓲猿田神社 → p.161
［東京都北区］
⓳七社《ななしゃ》神社 → p.153
［東京都世田谷区］
⓴北澤八幡神社 → p.129
［東京都台東区］
㉑浅草寺《せんそうじ》 → p.153
［東京都千代田区］
㉒靖國《やすくに》神社 → p.127
㉓築土《つくど》神社 → p.127
㉔二七山《にしちざん》不動院 → p.127
㉕神田《かんだ》神社（神田 明神《みょうじん》） → p.90、139、187
㉖日枝《ひえ》神社 → p.187
［東京都中央区］
㉗水天宮 → p.142
㉘三囲《みめぐり》神社 → p.197

◉付録◉ 本書で紹介している 金運・仕事運が上がる100社寺マップ

【北海道】

［札幌市］

❶北海道神宮 → p.138

［函館市］

❷船魂《ふなだま》神社 → p.184

【東北】

［青森県青森市］

❸善知鳥《うとう》神社 → p.167

［宮城県塩竈市］

❹鹽竈《しおがま》神社 → p.184

【関東】

［茨城県笠間市］

❺合氣《あいき》神社 → p.174

［茨城県鹿嶋市］

❻鹿島《かしま》神宮 → p.172、218

［茨城県ひたちなか市］

❼酒列磯前《さかつらいそさき》神社 → p.139

［神奈川県鎌倉市］

❽鶴岡八幡宮《つるがおかはちまんぐう》 → p.162

［神奈川県高座郡寒川町］

❾寒川神社 → p.232

［神奈川県下足柄郡箱根町］

❿箱根神社 → p.191

［神奈川県藤沢市］

⓫江島《えのしま》神社 → p.167

［群馬県渋川市］

⓬木曽三社《きそさんじゃ》神社 → p.229

［群馬県富岡市］

⓭一之宮貫前《ぬきさき》神社 → p.229

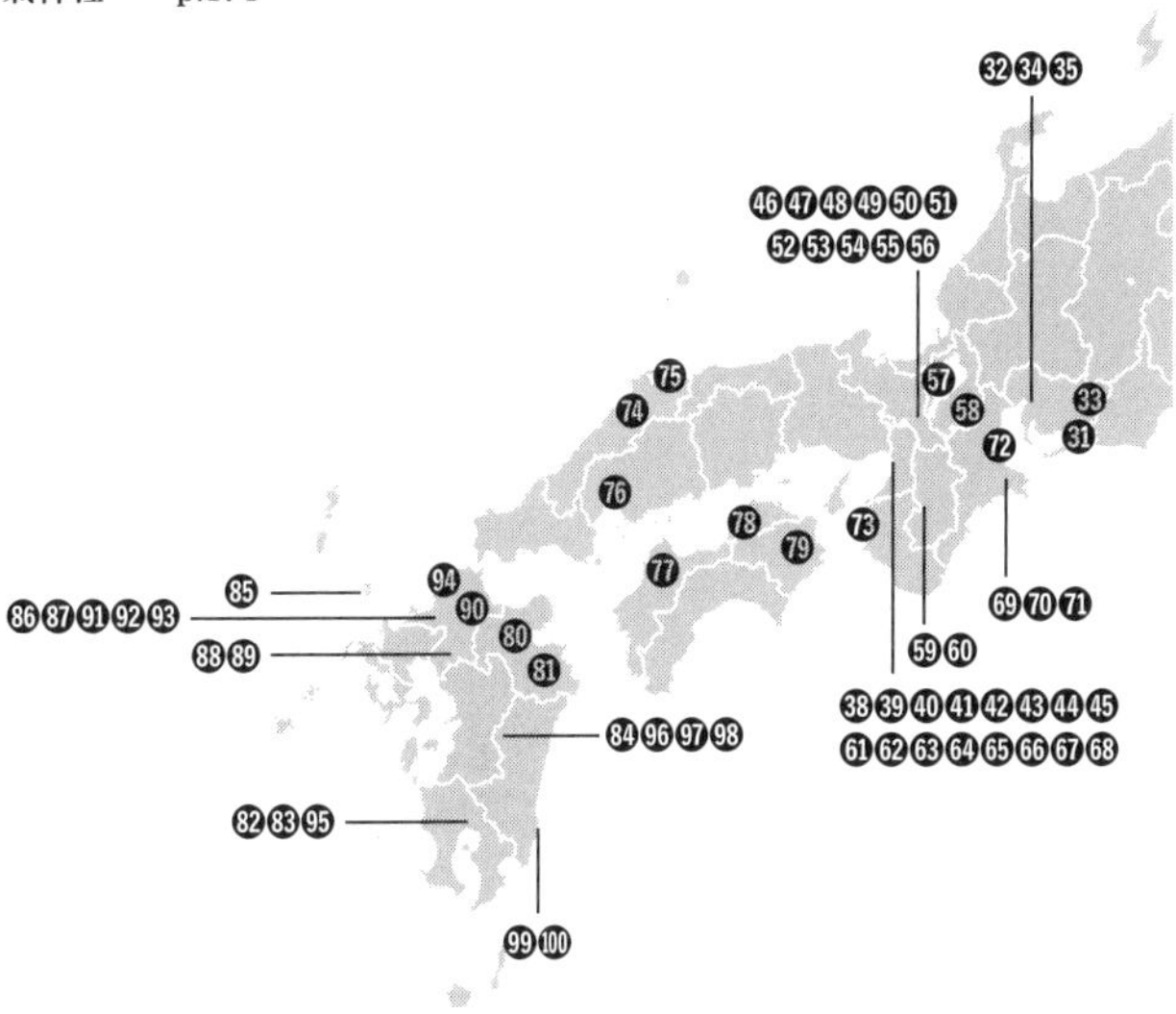

〈著者略歴〉

八木龍平（やぎ・りゅうへい）

1975年、京都市生まれ。博士 Ph.D.（知識科学）。
神社、人材育成、聞く技術を探求する社会心理学者。
同志社大学経済学部卒業後、NTT コムウェアにシステムエンジニアとして勤務。その後、退社して北陸先端科学技術大学院大学に進学し、修士号と博士号を取得。その後、富士通研究所シニアリサーチャー、北陸先端科学技術大学院大学客員准教授、青山学院大学非常勤講師（担当科目：ネット社会とコミュニティ）、武蔵野学院大学兼任講師（担当科目：情報リテラシー）などを歴任。現在は、全国の企業・団体での講演、神社案内、オンラインサロン「そらみつ神社倶楽部」の運営に従事し、好評を博す。28万部を超えるベストセラーとなった『成功している人は、なぜ神社に行くのか?』（サンマーク出版）をはじめ、『最強の神様100』（ダイヤモンド社）、『成功している人は、なぜ聞き方がうまいのか?』（日本文芸社）など、著書多数。著書累計48万部超。

YouTube チャンネル
リュウ博士の見えない世界の歩き方
https://www.youtube.com/@user-zs2ou3wb7v

インスタグラム　@ryuheiyagi
公式 LINE　@808audud

装幀——小口翔平+村上佑佳（tobufune）